AF312257

L'AMI

DE LA CONCORDE,

OU

Essai sur les Motifs d'éviter les
Procès, & sur les Moyens
d'en tarir la source.

PAR UN AVOCAT AU PARLEMENT.

A LONDRES.

1765.

INTRODUCTION.

LA gloire de gagner des procès m'a toujours moins flatté que la douce satisfaction de les prévenir, ou de les accommoder. J'ai remarqué que de tous les moyens que j'ai employés pour persuader à ceux qui se sont adressé à moi, de préférer la conciliation ou l'arbitrage, à ce qu'on appelle les voies de la justice, [1]

[1] On appelle le recours aux Juges, pour terminer les différens, la voye de la Justice ; ce n'est pas qu'il soit plus juste de se pourvoir par cette voye, que de finir par un arbitrage ou une transaction : car au contraire il est infiniment plus conforme à la Loi divine & par conséquent plus juste,

A

celui qui m'a le plus souvent réussi a été de leur faire une peinture vraie de la maniere dont les contestations sont instruites & jugées dans les Tribunaux ; de leur faire observer que, par le grand nombre de Personnes qui ont droit de vivre, & même de s'enrichir aux dépens de ceux qui plaident, les frais deviennent presque toujours plus considérables que la chose contestée, & qu'ils entraînent la ruine de l'une ou l'autre, souvent des deux Parties.

Ces succès particuliers m'ont fait aspirer à un succès plus général, & m'ont encouragé à proposer au Public cet essai sur les moyens de délivrer l'humanité du fléau des pro-

---

& d'ailleurs plus utile aussi d'éviter cette voye & de rechercher la paix, au péril même de quelque perte, que de plaider & s'engager dans les suites où conduisent tous les procès, qui sont également contraires à la charité & à l'amour propre. *Domat, Loix Civiles, liv.* 4, *du Droit public.*

cès : je le diviserai en deux Parties.

Dans la premiere je présenterai le Tableau de la maniere dont les contestations, qui sont portées dans les Tribunaux, sont instruites & jugées; des abus & malversations qui s'y commettent; des soins, des peines, des inquiétudes & des dangers auxquels on s'expose en plaidant; & des frais immenses qu'on ne peut éviter. Comme il est raisonnable de supposer que la volonté des Hommes s'accordera toujours avec leur intérêt, il y a lieu de présumer que ce Tableau, comme un abyme affreux, détournera le plus grand nombre de l'envie de plaider.

Dans la seconde Partie je proposerai un moyen de prévenir les occasions de procès, qui est de rendre les Hommes bons & justes, en les instruisant jeunes des devoirs qu'ils doivent remplir les uns envers les autres, de graver dans leur tendre cœur les principes d'une bonne morale pratique, qui doivent être la regle de leur conduite.

PREMIERE PARTIE.

LE Temple de la Juſtice n'eſt plus ou-
vert à tous les Hommes, non ſeulement elle
ni rend plus gratuitement ſes Oracles, [1]
mais à toutes les avenues de ce Temple, à
chaque pas qu'on y fait, on trouve différentes ſortes de Traitans déguiſés ſous le titre
d'office, auxquels il faut payer une multitude
de droits, que les beſoins réitérés de l'Etat
ont forcé de leur aliéner ſucceſſivement.

____

[1] L'Empereur Juſtinien dit lui-même, qu'après avoir
bien rêvé juſqu'à paſſer pluſieurs nuits ſans dormir, & après
avoir, par toutes ſortes de curioſité & ſubtiles recherches,
raiſonné en lui-même pour trouver les moyens de faire
vivre ſon peuple en repos, exempt de procès, d'injuſtices,
& de toutes autres incommodités, fors de tributs ordinaires,
il a penſé que cela arriveroit, ſi les Juges avoient toujours

Le premier Acte d'un procès est un exploit d'assignation. Il faut que cet Acte soit écrit sur du papier timbré, d'une certaine marque, pour laquelle il a été imposé un droit excédant de beaucoup la valeur de ce papier. Il ne peut être donné que par un Huissier, qui est une espéce de messager ou commissionnaire, qui a acquis le droit d'avertir ceux contre lesquels on veut demander quelque chose en Justice, & de certifier qu'ils ont été avertis. Il paroît que la Justice n'a pas beaucoup de confiance en ces sortes d'Officiers : car d'abord ils ont été assujettis à se faire assister de deux témoins, qui signeroient avec eux l'original & la copie de l'exploit ; ensuite, comme on a vû

---

les mains pures, & ne recevoient rien que ce qui leur seroit donné par le fisc. *Novelle 8.*

Nous ne devons pas douter que le même désir ne trouble souvent le repos de notre Auguste Monarque, qui aime autant ses sujets, qu'il en est aimé, & qu'il n'occupe sérieusement les Ministres & les Magistrats qu'il a chargés de travailler, conjointement au soulagement & au bonheur de ses peuples ; animés d'un saint zele pour la Justice, ils commenceront par chasser les vendeurs de son Temple.

qu'ils se servoient de témoins les uns aux autres , & qu'ils pouvoient abuser de leur ministére par des antidates ou fauſſetés, on a imaginé une précaution pour empêcher l'antidate , qui eſt de les obliger de faire inſcrire dans un Regiſtre public une note de chaque exploit qu'ils donnent , ce qu'on appelle contrôler. Cet enregiſtrement a été aſſujetti à un droit que les beſoins de l'Etat & l'avidité des Traitans ont augmenté. Le Contrôleur étant homme comme l'Huiſſier, qui eſt-ce qui peut répondre qu'il n'abuſera pas lui-même de ſon ministére ? Cela n'eſt pas ſans exemple.

Lorſque les délais de l'aſſignation ſont expirés , on eſt obligé de ſe préſenter. Un Greffier des Préſentations a traité d'un droit établi ſur cette formalité , il faut lui payer ce droit, plus ou moins conſidérable, ſuivant les Juriſdictions.

On eſt tenu en outre de conſtituer un Procureur, ſoit pour demander , ſoit pour défendre. Ce Procureur eſt un autre traitant auquel on a vendu, fous le titre d'office, le privilege exclufif de foutenir & de défendre en Juftice les intérêts qu'on eft obligé de lui confier. Il a payé pour ce privilege une finance & des taxes, moyennant lefquelles on lui a attribué des droits à prendre fur les diffé-rens Actes de procédure qu'il fera pour fes Parties, ou qui feront faits par le Procureur des Parties adverfes. Outre fon office ce Procureur achete encore la confiance que différens particuliers avoient en fon prédé-ceffeur, à laquelle il efpére fuccéder, ce qu'on appelle la Pratique. Il y en a qui font portés à trente & quarante mille livres. Il faut que ce Procureur paye les rentes de fon acquifition, qu'il foit logé, nourri, en-tretenu, lui, fes Clercs & Domeftiques, qu'il ait des appartemens fomptueufement meublés, que fon époufe ait des diamants, des bijoux. Sur qui doivent tomber toutes ces Charges ? C'eft fur les Plaideurs. [1]

---

[1] Il y a 400 Procureurs au Parlement de Paris, ce

[11]

L'efprit du Légiflateur , en dépouillant les Plaideurs du droit naturel de fe défendre eux - mêmes , a été d'empêcher qu'ils ne fiffent éclater avec fcandale leur paffion aux yeux de la Juftice ; mais pour éviter un inconvénient , on tombe fouvent dans un plus grand. Les Procureurs font hommes comme les Plaideurs , & par conféquent fu-jets aux paffions ; la principale qui eft le mobile de nos actions , eft l'intérêt : on doit donc s'attendre que l'intérêt des Procureurs remplacera celui des Parties , avec cette

n'eft pas exagérer de dire qu'ils reçoivent l'un portant l'au-tre , au moins chacun dix mille livres par an , qu'ils tirent des Plaideurs du Reffort , cela fait par conféquent quatre millions qu'ils levent fur les Sujets du Roi dans ce Reffort.

Les Procureurs au Châtelet , au nombre de deux cens trente-fix , levent au moins deux millions. Les Avocats ès Confeils , les Procureurs au Grand Confeil , à la Prévôté de l'Hôtel , au Bureau de la Ville , à l'Election , aux Con-fuls , reçoivent à proportion. Si on ajoute ce qui eft payé directement par les Parties aux Avocats , aux Secrétaires , aux Huiffiers , les frais de voyage & féjour des Plaideurs , les frais des premieres Jurifdictions dans les Provinces , on verra avec étonnement qu'il n'y a pas d'Armée victorieufe qui puiffe tirer autant de contributions d'un Pays conquis , que cette Milice de la Juftice en fçait tirer de fes Conci-toyens.

différence que l'intérêt des Parties est toujours opposé. Celui des Procureurs est le
même, d'abuser de concert des formes pour
augmenter & multiplier leurs droits. [1]
Penser que cela n'arrivera pas le plus souvent, c'est suppofer dans les hommes des
perfections dont, en général, ils ne font pas
fufceptibles : voyons ce qui arrive.

Je ne ferai pas ici le détail ennuyeux des
petites chicanes de forme que fe font d'a-
bord les Procureurs, qu'on appelle excep-
tions dilatoires, déclinatoires, moyens de
nullité, des incidens qu'ils multiplient, auxquels les Parties ne prennent ancune part,
qu'elles ignorent le plus fouvent, qui don-

[1] L'ufage des Procureurs étant devenu néceffaire à
toutes caufes & à toutes les Parties plaidantes, ce n'eft pas
merveille que ce foit aujourd'hui une vacation particuliere, même une vacation fort lucrative, vû que la Loi
dit qu'ils font les maîtres des caufes; auffi le font-ils bien
connoître. Leur multitude & la multiplication & allonge-
ment des procès, d'autant que ceux qui ont peu de caufes
défirent ordinairement les multiplier & allonger, & comme
ils le veulent, ils le peuvent aifément. *Loifeau, des Ordres,
chap. 8.*

nent lieu cependant à des droits confidérables & à des dépenfes inutiles. Je pafferai
à la maniere dont ils préfentent les moyens
de défenfes & les répliques. Ce qui pourroit
être expofé dans une page d'écriture d'un
beau caractere, fe trouve répandu dans une
forme ridicule, fur une quantité de feuilles
de papier, qu'on appelle rôles ; le caractere eft totalement défiguré par l'affectation avec laquelle il eft écarté & allongé
dans un fens contraire au naturel. Tout l'art
confifte à remplir le plus de papier, avec le
moins de mots qu'il eft poffible, & à dire
le moins poffible de chofes, en plus de mots.
Cependant le prix du papier que les Procureurs prodiguent ainfi aux dépens des Parties, dont les intérêts leur font confiés, excé-
de vingt fois fa valeur intrinféque. Quelle
eft donc la caufe de ce facrifice évident
de l'intérêt des Parties, au profit du Traitant,
qui vend le papier ? C'eft que l'intérêt du
Procureur, contraire à celui de fa Partie,
eft en quelque façon affocié à celui du Trai-

tant ; ce Procureur ayant droit de fe faire payer, non à raifon de fon travail, mais à raifon de la quantité de papier qu'il a ainfi barbouillé.

Quand on a mis par écrit à grands frais ce que les Parties pouvoient dire de part & d'autre, il ne s'agiroit que de porter la contestation devant le Juge, pour obtenir une décifion définitive; mais par un ufage qui peut être qualifié au moins d'abus, les Procureurs, même ceux qui jouiffent de la meilleure réputation, avant d'aller à l'Audience ont imaginé de prendre au Greffe trois Sentences par défaut l'un contre l'autre, auxquelles ils forment oppofition ; & ce n'eft qu'après s'être laiffé condamner refpectivement trois fois, qu'ils font paroître la caufe à l'Audience. N'eft-ce pas encore trahir évidemment l'intérêt des Parties, & le facrifier au profit du Traitant, qui fournit le papier & le parchemin, de ces procédures inutiles, à celui du Greffier & des Huiffiers qui en partagent les frais ? Chacune de ces

Sentences occafionne au moins neuf livres
de frais , tant pour l'avenir, honoraire de
l'Avocat qui n'en fçait rien , droit de fon
Clerc , Sentence & oppofition. Chacun des
Procureurs en obtient au moins cent dans
une année, ce qui fait pour les quatre cens
Procureurs trois cens foixante mille livres.
N'eft-ce pas d'ailleurs perdre un temps très-
précieux pour les Parties ? Les Juges pourroient facilement empêcher cet abus , en
ne recevant aucune oppofition aux Sentences qu'un Procureur auroit laiffé obtenir
par défaut contre lui , ou en le chargeant
perfonnellement des frais qu'il auroit occafionné par fa négligence ou fa collufion, [1]

---

[1] L'Auteur du nouveau Commentaire de l'Ordonnance de 1667 , après avoir parlé dans fa Préface des
inconvéniens de la procédure, dit, « Mais tous ces inconvéniens, quelque grands qu'ils foient, ne viennent point
de la procédure en elle-même, c'eft uniquement à l'a-
bus qu'en font les parties , & les Miniftres inférieurs de
la Juftice qu'il faut en attribuer la caufe, *& principalement à la facilité que la plûpart des Juges ont à tolérer ces
abus & à leur négligence à les reprimer , comme ils le pou-
roient faire aifément.* »

fans pouvoir les répéter, même contre fes Parties.

J'ai vû dans la premiere Jurifdiction or-dinaire de Paris, un exemple aufli honteux de la préférence que les Procureurs don-noient à leur intérêt, fur celui de leurs Par-ties. Les Actes que les Procureurs fe font fignifier les uns aux autres, font donnés à des Huifliers, qu'on appelle Audienciers, parce qu'ils fervent aux Audiences. Ces Huifliers portent ces Actes ou les font por-ter, & ont droit de percevoir deux fols fix deniers pour chaque fignification faite à l'or-dinaire : c'eft-à-dire, à l'heure fixée pour les recevoir. Lorfqu'il furvient quelque Acte à faire fignifier extraordinairement, les Huif-fiers les font porter, & ont droit de per-cevoir cinq fols pour chacun. Les Procu-reurs avoient fait un pacte avec les Huifliers, par lequel ils étoient convenus de payer quatre fols feulement les fignifications ex-traordinaires, & qu'ils les feroient faire toutes de cette maniere ; enforte que les

Procureurs

Procureurs gagnoient à ce marché quarante pour cent ; où ils ne devoient rien gagner ; les Huissiers augmentoient les émolumens de leur Charge de soixante pour cent, & il en coûtoit aux Parties cent pour cent. On portoit ces significations pendant la nuit chez les Procureurs, qui avoient pratiqué à leurs portes ou fenêtres des boëtes, comme celles où on met les Lettres. Quelle confiance peuvent mériter des Mandataires aussi infideles & aussi peu économes ? Je ne sçais si cette manœuvre se pratique encore. En n'estimant que vingt sols par jour, ce que chaque Procureur gagnoit à ce marché inique, on trouveroit pour les deux cens trente-six Procureurs, en trois cens jours seulement, soixante-dix mille huit cens livres ; & pour les Huissiers, cent six mille deux cens livres, ce qui feroit un total de cent soixante-dix-sept mille livres. Supposons qu'il ne fût que de moitié, c'étoit toujours une exaction considérable sur les Plaideurs.

Si la contestation est compliquée, ou si

B

elle l'eſt devenue par les incidens, on appointe les Parties à écrire, produire & contredire ; c'eſt alors que la cauſe, devenue
inſtance, [1] groſſit à vûe d'œil. On ré-
péte cinq ou ſix fois les mêmes choſes dans
des avertiſſemens, inventaires de productions,
dans des contredits & ſalvations, dans des
requêtes, demandes reglées, demandes en
jugeant, requêtes d'emploi, pour ſatisfaire
aux réglemens. On réſerve des piéces pour
produire par production nouvelle, pour
donner lieu à de nouveaux contredits, &
à de nouvelles ſalvations ; toutes ces écritures ſont miſes en groſſe, c'eſt-à-dire,
étendues ſur la plus grande quantité poſſi-
ble de ce papier ſi cher & ſi peu ménagé :
les ſacs ſe multiplient & ſe rempliſſent ;

---

[1] On appelle cauſe une conteſtation qui ſe porte à
l'Audience, pour être jugée ſur les plaidoieries des Avocats ou des Procureurs. On l'appelle inſtance, lorſque les
Juges ne croyant pas pouvoir la décider à l'Audience, ap-
pointent les parties à écrire, produire & contredire. Souvent les Procureurs, ſans la participation des Juges, con-
ſentent, au préjudice des Parties, des Sentences, qui ap-
pointent ſur des conteſtations fort ſimples.

enfin une inftance où il s'agit fouvent d'un objet très-modique, devient d'un volume & d'un poids effrayant.

Le travail même des Avocats eft eftimé en Juftice, fuivant cette proportion ridicule de la quantité de papier fur lequel il eft préfenté ; delà, cette affectation bizarre de mettre en groffe leurs écritures. Je fuis toujours furpris qu'un ordre, qui en général, penfe noblement ; qui eft le feul fur lequel l'empire de la vénalité ne fe foit pas étendu , parce qu'il exige des qualités qu'on ne vend pas , ait laiffé introduire un ufage auffi contraire à fon honneur. Il a regardé comme une atteinte à fa gloire la loi par laquelle les Magiftrats avoient voulu obliger les Avocats de mettre un reçu au bas de leurs écritures ; mais n'eft-ce pas mettre un reçu que de les préfenter dans une forme onéreufe aux Parties; fous laquelle elles feront taxées ? N'eft-il pas plus deshonorant de voir la fignature d'un Avocat au bas d'une piéce d'écritures très-

longue, écrite d'une maniere ridicule, qu'on
sçait devoir coûter à la Partie, au moins à
proportion de cette longueur, & du volume
qu'elle remplit, que de voir au bas d'un pré-
cis imprimé ou écrit en beaux caracteres une
quittance, ou un témoignage de la recon-
noiſſance du client envers ſon défenſeur ?
Quelle eſt la profeſſion dans le monde où le ſalaire n'eſt pas joint à la gloire ? [1] Il n'eſt
pas déshonorant d'être payé, en exerçant un
art pénible, utile & glorieux ; les Médecins ſont-ils déshonorés pour donner quittances de leurs honoraires ? [2] S'il y avoit

------

[1] Par un Réglement de l'année 1363, il fut ordonné, qu'en prétant le ſerment aux ouvertures du Parlement,
on feroit un rôle des principaux Avocats, qui en feroient
charge pendant la ſéance ; qu'ils feroient brefs en leur plai-
doyers & écritures ; que pour la conduite d'une cauſe ils
ne recevroient pas plus de trente livres tournois, qui
étoit une aſſez grande ſomme, car par la même Ordonnance on ne taxe à un Conſeiller allant en commiſſion
à ſix chevaux, que ſoixante ſols par jour, de quelque qualité qu'il ſoit ; ce qui montre le compte, & l'état qu'on
faiſoit lors du labeur d'un Avocat. Les trente livres valans
en ce temps plus de cent écus d'aujourd'hui. *Dialogue des
Avocats, par Me Antoine Loiſel. Premiere Conférence du mois
de Mai 1601.*

[2] Ces trente livres vaudroient aujourd'hui plus de

un droit établi fur le papier , que ferviroit
à écrire leurs Ordonnances ou Confultations , ne feroit-il pas plus déshonorant de
les écrire fur une multitude de feuilles de
ce papier, afin d'augmenter leur payement ?

Cet ufage de mettre en groffe les écritures d'Avocat, & de les eftimer en Juftice,
à proportion de leur longueur, [1] ne peut
qu'avilir cette profeffion ; il eft contraire à
l'intérêt de la Partie , premierement par la
perte du papier timbré, fecondement parce
que les Juges dégoûtés de la forme & de
la longueur de ces écritures , ne les lifent
pas : ce qui oblige de faire imprimer des
Mémoires pour les inftruire , & fait un dou-

---

fix cens livres. A préfent les Avocats donnent par la main
de leur Clercs des quittances des fommes qu'ils reçoivent
pour honoraires : ils fignent même de leur propre main
les quittances des penfions qu'ils reçoivent pour affifter de
leur confeil, à des jours réglés, les perfonnes de condition
& les gens riches, pour la conduite de leurs affaires.

[1] Me Antoine Loifel, ci - deffus cité, nous apprend
que Me Marechal, Avocat, ayant fait des falvations affez
breves, la Cour lui en avoit taxé trente livres parifis, fomme
alors très-confidérable, ce qui prouve qu'on ne taxoit pas
alors les écritures à raifon de la quantité de rôles.

ble emploi ; enfin parce qu'il multiplie le droit de révifion qui a été accordé aux Procureurs , moyennant une fomme de cent mille livres , & qui leur a produit plus de quarante fois leur capital, outre l'intérêt. [1]

Envain Louis XIV. de glorieufe mémoire, a donné les plus belles & les plus fages Ordonnances pour la réformation de la Juftice , envain il a reglé la forme de procéder. L'article le plus important eft demeuré fans exécution , c'eft-à-dire, l'Article XIII,

---

[1] Ce droit de révifion eft de la moitié de l'eftimation du travail des Avocats, c'eft-à-dire, de dix fols par rôle; Il a été rétabli en faveur des Procureurs au Parlement en 1693 , moyennant cent mille livres qu'ils ont payé au Roi dans un befoin preffant, non feulement pour ce droit, mais encore pour racheter vingt Charges de Procureurs créées pour la Chambre du Tréfor , & pour les autres Jurifdictions de l'enclos du Palais. En fuppofant que chacun des quatre cens Procureurs n'ait eu annuellement, l'un portant l'autre, que mille rôles d'écritures d'Avocat dans fon Etude, ce qui n'eft pas exageré, eu égard à la quantité qu'on en fait dans les inftances d'ordre; les quatre cens Procureurs auroient perçu depuis 1693 , pour ce droit, fept millions, deux cens mille livres, au lieu de trois cens foixante mille livres qu'auroient pû leur produire au denier vingt les cent mille livres par eux payées. Y a-t-il jamais eu dans les Fermes du Roi, qui font fi lucratives , aucun traité auffi avantageux ?

du Titre XXXI. des dépens de l'Ordonnance de 1667. L'intention de ce grand Légiſlateur étoit qu'il fût dreſſé & mis au Greffe de chaque Juriſdiction, un tableau ou regiſtre, dans lequel feroient écrits tous les droits qui doivent entrer en taxe. Ce tableau n'a pas été dreſſé : il y a eu diffé- rens Réglemens à ce fujet, mais tous ont le défaut eſſentiel d'eſtimer les écritures à raiſon de la quantité de rôles. Il femble que la Juſtice ait voulu propoſer des prix à ceux qui fçauroient le mieux faire des am- plifications, ou qu'elle ait voulu favorifer les Traitans qui vendent le papier. Envain elle a fixé le nombre de lignes qui doivent entrer dans une page, le nombre de fylla- bes qui doivent entrer dans une ligne. On voit que fes Réglemens ne font point ob- fervés ; que des lignes d'écritures ne con- tiennent fouvent que quatre ou cinq fylla- bes, au lieu de quinze que prefcrivent les Réglemens. D'ailleurs, fi on aftreint à mettre un certain nombre de fyllabes, on ne multipliera pas moins les rôles , en multipliant les mots , d'autant que ce font les Procureurs qui fe taxent réciproquement leurs frais. N'eft-ce pas comme fi on donnoit des paffages à garder à des contrebandiers ?

Il faudroit donc adopter une autre regle plus fage , plus économe , pour fixer les frais qui doivent entrer en taxe : de maniere que les Parties pûffent fçavoir à quoi s'en tenir , & ce qu'il pourroit leur en coûter pour faire juger tel ou tel Procès. On pourroit dreffer un tarif pour chacune des Cours & Jurifdictions , dans lequel , aux termes de l'Article ci-deffus , feroient écrits tous les droits qui doivent entrer en taxe, on diftingueroit les caufes perfonnelles , réelles & mixtes , les matieres fommaires. On auroit égard à la valeur des objets conteftés ; au prix des logemens & des denrées néceffaires à la vie. Dans le lieu de la Jurifdiction , on a taxé la demande à une fomme fixe , fouvent trop modique. On n'a pas d'égard au travail qu'elle peut avoir occafionné. On pourroit en augmentant la taxe de la demande, fuivant la nature des affaires, taxer à proportion, à une fomme certaine les défenfes & les repliques, non compris le papier; on pourroit prefcrire la maniere d'écrire ces défenfes & ces repliques, enforte que l'original & la copie fuffent également lifibles. Dans les inftances appointées, les Procureurs expoferoient les faits juftifiés par les titres, dont ils feroient la production, comme ils font dans les inftances fur les demandes provifoires en la Grand'Chambre, qu'on appelle appointemens à mettre, dans lefquelles ils ne font point de procédures inutiles, parce que leur frais font taxés à une fomme fixe. On pourroit taxer de même à une fomme fixe, une production quelconque; les Avocats fur ces productions, donneroient les moyens de droit, comme ils donnent leurs confultations fur les Mémoires à confulter. On a fixé en général ce qui doit entrer en taxe pour leurs plaidoyeries verbales, fans avoir égard à la nature des affaires , & à ce qui a été payé par les Parties. On pourroit fixer de même , mais dans une proportion plus équitable , ce qui entreroit en taxe pour leurs plaidoyeries par écrit, fans néanmoins foumettre , par cette fixation , à un gain limité & mercenaire, l'honoraire qu'on pourroit leur offrir , mais qu'ils ne doivent jamais exiger. On ne paffe point en taxe leurs Mémoires imprimés ; cependant les moyens des Parties y font ordinairement préfentés d'une maniere plus nette ; tous les Juges font mieux inftruits ; le Rapporteur a moins de peine. Il feroit donc à propos de taxer honnêtement ces Mémoires, & de profcrire les écritures en groffe : cela coûteroit beaucoup moins aux Parties , & exciteroit l'honneur & l'émulation chez les Avocats.

Lorfque le travail des Procureurs auroit été plus confidérable, les Juges pourroient, en connoiffance de caufe, adjuger des dommages-intérêts , ou des vacations extraordinaires ; on pourroit même pour intéreffer les Procureurs au fuccès de leurs Parties, & les empêcher de fe charger de mauvaifes affaires, diftinguer ce qui entreroit en taxe pour une caufe ou inftance gagnée ou perdue ; on pourroit réduire à la moitié ou aux deux tiers de la taxe générale les frais que le Procureur d'un Demandeur ou d'un Défendeur qui fuccomberoit, pourroit répéter contre fa Partie : enfin le feul moyen de rétablir l'ordre, la netteté & la précifion dans l'inftruction des Procès, eft de faire enforte que le Procureur ne trouve pas fon intérêt dans la multiplicité des procédures. J'en connois plufieurs qui applaudiroient à cette réforme, qui rendroit l'honneur à leur profeffion, & diftingueroit la probité & les talens. Mais je m'écarte de mon fujet : je n'ai ni miffion ni autorité pour propofer des Réglemens. Mon état eft de donner des confeils aux Plaideurs : j'ai entrepris d'inftruire de ce qui eft, & non de ce qui devroit être.

Cette multitude de sacs remplis de papier est remise au Rapporteur, qui est un des Juges auquel l'instance a été distribuée, qui est chargé de la voir, de l'examiner, & d'en faire son rapport aux autres. Ce Rapporteur a un Clerc ou Secrétaire qui est ordinairement un Praticien initié dans les mystéres de la procédure, qui fait pour lui un extrait des titres & de ce qui a été dit de part & d'autre, c'est-à-dire, tâche de retirer les questions à juger, du cahos où elles sont embarrassées. Les Juges pensent sans doute que cet extrait n'est pas à leur charge : [1] en conséquence ils tolérent que les Parties payent quelque chose à leurs

____

[1] » Voulons que par provision, & en attendant que
» l'état de nos affaires nous puisse permettre d'augmenter
» les gages de nos Officiers de Judicature, pour leur don-
» ner moyen de rendre gratuitement la justice à nos Su-
» jets, aucuns de nos Juges ou autres, même de nos Cours,
» ne puisse prendre d'autres épices, salaires, ni vacations
» pour les visites, rapports & jugement des procès civils,
» que celles qui seront taxées par celui qui aura présidé,
» *sans qu'on puisse prendre* ni recevoir aucuns droits, sous
» prétexte d'extrait, *Sciendum* ou d'Arrêt. *Edit du mois de*
» *Mars 1673, concernant les Epices & Vacations, article*
» *premier.*

Secrétaires pour leurs peines. [1] Mais ils ne sçavent pas vrai-semblablement à quel point ceux-ci abusent de la permission. Ils exigent d'autant plus, que leurs droits ne sont fixés par aucune Loi, & que les Parties désirent d'être jugées plus promptement; ils leur vendent au poids de l'or l'expédition supposée, à tous de préférence. On croit même pouvoir acheter d'eux la certitude de gagner son procès. Ce préjugé est devenu aussi commun, qu'il est injurieux

* * *

Et à l'Article 29 du même Edit :

» Les Clercs ou Commis des Présidens, Maîtres des Re-
» quêtes, Conseillers, de nos Avocats & Procureurs Gé-
» néraux, & de leurs Substituts, & des Greffiers & Avo-
» cats, ne pourront prendre & recevoir plus grands droits
» que ceux qui passent en taxe aux Parties, encore qu'ils
» leur fussent volontairement offerts, à peine d'exaction,
» qui pourra être prouvée par la déposition de six témoins,
» quoi qu'intéressés, & qu'ils déposent de faits singuliers.

[1] Les Epices à bien entendre ne sont attribuées pour le salaire des Juges, qui vacquent aux heures du Conseil, au jugement des procès par écrit, mais seulement *pour payer le Rapporteur du Labeur qu'il a pû avoir & extraire le procès en sa maison.* Aussi par les anciennes Ordonnances sont-elles attribuées au Rapporteur seul, comme il se garde encore en la Grand'Chambre du Parlement. *Loiseau, du profit des Offices,* n. 35.

aux Magiftrats , & utile à leurs Secrétaires, qui font des fortunes auffi confidérables & auffi rapides qu'on puiffe en faire dans les meilleurs Emplois de la Finance.

Enfin le Rapporteur fait fon rapport, fur lequel les autres Juges décident. Souvent leur jugement n'eft pas définitif; & après l'inftruction la plus ample & la plus coûteufe , on n'obtient qu'un jugement qu'on appelle interlocutoire , c'eft-à-dire , par lequel on ordonne , avant faire droit , que l'une ou l'autre des Parties rapportera la preuve de quelque fait, ou la mefure & le plan de quelque héritage , ou qu'il fera fait quelque vifite ou eftimation par Experts. Ces opérations font encore extrêmement coûteufes, par les vacations des Juges qui font l'enquête , les taxes des témoins qui font entendus , ou les vacations & rapports des Experts. Les expéditions de ces enquêtes ou de ces rapports, font encore mifes en groffe , parce que les Greffiers , qui les expedient , ont auffi le droit d'être payés,

à raiſon de la quantité de papier qu'ils em-
ployent ; enfin lorſqu'on a fait ce qui a été
ordonné , nouvel appointement , en vertu
duquel on écrit de nouveau , on produit &
on contredit ; nouvelles exactions du Secrétaire ; il faut conſigner des vacations , [1]
& on procéde au jugement définitif.

Dans quelles tranſes n'eſt pas alors un
pauvre Plaideur ? Il faut l'avoir été pour
pouvoir l'exprimer. Je juge par l'inquiétude
que j'ai eſſuyée , ſur le jugement des procès
que j'ai défendus , de l'inquiétude plus grande que doivent avoir les Parties. On pourroit la comparer à celle d'un joueur , qui

---

[1] Par-tout, où l'argent trouve entrée, quelque petite
qu'elle ſoit , il s'en rend enfin le maître , & en chaſſe ou
éloigne l'honneur & la vertu , deſquels il eſt ennemi. Auſſi
cette invention d'épices d'or , ayant été établie, les Juges
ont voulu au ſemblable avoir taxe des expéditions qu'ils
font aux procès, hors les heures auxquelles ils doivent aſſiſ-
tance & ſervice en leurs Offices , qui ſont les heures d'Audience & de Conſeil, pour leſquelles ils confeſſent bien ne
devoir prendre aucun ſalaire. Ainſi voit-on que Meſſieurs
les Conſeillers & Meſſeigneurs les Préſidens de la Cour de
Parlement prennent ſalaire des vacations qu'ils font aux
procès de Commiſſaires, hors les heures qu'ils doivent aſſiſ-
tance à l'Ordinaire. *Loiſeau , du profit des Offices , n. 34 & 44.*

à eu la témérité d'expofer fa fortune à un coup de dez ; en effet il eft paſſé en proverbe que ce qui eft au jugement des hommes eft incertain. [1]

Quelque intégres & éclairés qu'on fuppofe les Juges, la foibleſſe humaine, la diverſité des efprits & des caractéres, doit toujours faire trembler jufqu'à ce que le jugement foit prononcé ou figné. Tel gagne un grand procès d'une voix, qui fans cette voix, l'auroit perdu, & auroit été ruiné fans reſſource. Tel a gagné dans une Chambre du Parlement, qui auroit perdu dans une autre.

Je ne fuppoferai pas avec le vulgaire, toujours prévenu, qu'il y ait des Juges qui, abufans de leurs génie & de leurs talens, préfentent les affaires dans un fens favorable aux Parties qu'ils veulent protéger, font

______

[1] C'eft par cette raifon, fans doute, que le Juge Bridoye, dont parle Rabelais, liv. III, chap. XXXVII & XXXVIII, jugeoit les procès avec des dez. *Voyez ces deux Chapitres.*

pancher

pancher la balance du côté qui leur plaît,
& font triompher fciemment l'injuftice & la
mauvaife foi ; d'autres, qui moins occupés
du foin de remplir les devoirs de leur Charge, que de paffer leur temps agréablement,
jugent pour ainfi diré au hazard, fe laiffent
emporter par le crédit & la faveur, ou-
vrent leur cœur aux charmes d'un fexe fédui-
fant, & n'ont d'autre décifion que celle
qu'on leur infpire. Le mal ne doit pas fe
préfumer, il feroit cependant à propos que
les Magiftrats détruififfent ce préjugé fur
les effets puiffans des follicitations, en n'en
fouffrant abfolument aucunes, & les punif-
fant même, comme injurieufes.

Le moyen d'y parvenir feroit de remettre
fur les yeux de la Juftice le bandeau avec lequel
elle étoit autrefois repréfentée, pour marquer
qu'elle devoit toûjours juger fans acception
de perfonnes, c'eft-à-dire, faire enforte que
les Parties ne pûffent fçavoir quel feroit
leur Rapporteur, & quand elles feroient
jugées ; que la juftice fût rendue indifférem-

C

ment , même pour l'expédition , au pauvre comme au riche , au plus puiffant, comme au plus foible; & que lorfqu'on ne pourroit expédier toutes les conteftations prêtes à juger , le fort feul décidât de la préférence. Il y auroit encore fur cette matiere de bons Réglemens à propofer, mais qui ne font pas de mon fujet.

Lorfque les Juges ont décidé, fi la Partie condamnée ne veut pas fe foumettre, il faut pour pouvoir la contraindre , faire expédier le Jugement. Pour y parvenir il faut d'abord payer au Secrétaire un droit pour remettre les piéces. Au Greffe il faut payer les épices qui ont été taxées , payer le Greffier pour faire le vû , c'eft-à-dire, pour annoncer toutes les procédures qui ont été faites ; enfin pour l'expédition , tout cela ne fe fait pas fans des dépenfes confidérables.

Les Oracles de la Juftice devroient être écrits en lettres d'or, ou du moins en beaux caracteres , corrects & lifibles ; mais les be-

foins de l'Etat ont encore répandu leur ma-
ligne influence fur cet objet ; des particuliers ont acheté le droit d'écrire les Jugemens , & d'être payés en raifon inverfe de
la beauté & de la correction de leur écriture, c'eft-à-dire, que plus ils la défigurent,
plus ils gâtent de parchemin , plus ils font
récompenfés. Ce font encore des Traitans
écrivains , affociés à ceux qui vendent le
parchemin, qui gagnent d'autant plus, qu'ils
font plus mal. [1]

---

[1] On ne peut fe difpenfer, à l'égard de ces Ecrivains,
d'eftimer leur ouvrage à raifon de la longueur, parce qu'ils
n'y mettent rien du leur, & ne font que copier ; mais
on pourroit les obliger de fe conformer aux Réglemens,
& avoir plus d'attention à leur écriture.

En 1691, le Roi, par une Déclaration, difoit qu'il avoit
reçu plufieurs Plaintes & Mémoires en fon Confeil de ce
que les Greffiers, Procureurs, Huiffiers, Sergens & autres
Officiers, *affectoient de mettre fur un rôle de papier ou parchemin, autant d'écritures qu'en devoient contenir plufieurs ;*
pourquoi, après avoir pris les avis des Procureurs - Géné-
raux & Officiers des Cours, & avoir fait examiner le tout
en fon Confeil, ayant été trouvé néceffaire d'arrêter le
cours des abus & contraventions par un Réglement certain, il a ordonné que les Arrêts du Parlement, Chambre
des Comptes & Cours des Aydes, dont il refte minute au
Greffe, feront expédiés en parchemin, d'un feul volume,
*dont la page contiendra 22 lignes, quinze fyllabes à la ligne,
une ligne compenfant l'autre.*

Il eft aifé de voir que ces Officiers fe font bien corrigés ;

Combien de foins , de peines , d'inquiétudes & de dépenfes pour obtenir ce Jugement ; mais il n'eft pas en dernier reffort.
La Partie condamnée , qui fe rendoit , fi il
n'étoit queftion que de l'objet contefté , fe
voyant ruinée par la condamnation de dépens ; rifque le tout pour le tout , elle in-
terjette appel. Il fembleroit que pour fçavoir
fi les premiers Juges ont bien ou mal jugé, il
ne s'agiroit que de préfenter devant les Juges fupérieurs toute la premiere inftruction ;
avec le Jugement , & attendre avec refpect
leur Arrêt. Mais il faut encore effuyer une nouvelle inftruction : ce qui fe nommoit inftance
devant les premiers Juges , devient devant
les Juges d'appel , un procès par écrit ; ce
qui étoit une fimple caufe, devient une inftance , par le moyen des ajoutés. Au rôle
on fignifie des griefs , ou des caufes & moyens
d'appel , des réponfes , falvations , &c. qui

___

puifqu'à préfent ils mettent fur plufieurs rôles ce qui devoit , fuivant cette Déclaration , donnée en faveur des Fer-
miers du papier & parchemin , être mis fur un feul.

groſſiſſent d'autant plus le procès. Dirai-je, que moyennant quelques louis, on eſt diſtribué à quelle Chambre on veut, qu'on a le Rapporteur qu'on déſire, & que par-là on achete un ſuccès preſque certain? Pourquoi ne le dirois-je pas, puiſque ç'eſt la vérité, & que ceux qui ont le talent d'opérer ces merveilles, ſeroient fâchés qu'on l'ignorât? Il faut encore payer un Secrétaire pour l'extrait & la remiſe ; le Greffier pour le vû & la façon de l'Arrêt ; il faut conſigner des vacations, avant le Jugement ; payer des épices après ; il faut encore payer l'expédition de l'Arrêt. S'il y a quelque choſe qui intéreſſe le miniſtére public, il faut payer un autre Secrétaire d'un Subſtitut de Monſieur le Procureur-Général, pour lui faire l'extrait du Procès. Il ne faut pas moins payer des épices pour ſes Concluſions. La Partie condamnée devient inſolvable, & le victorieux ſe trouve ruiné. Si il étoit permis de comparer les guerres que ſe font les Souverains, avec les querelles des Particuliers , on diroit que comme les Souverains, après avoir fait de grands efforts & remporté de grandes victoires , se trouvent , à la paix qui est la fin du procès , épuisés d'hommes, d'argent & de forces de toute espéce , & s'en ressentent long-tems ; de même celui qui a gagné un procès , se trouve épuisé : si il en a gagné plusieurs , il se trouve ruiné. Boileau étoit bien convaincu de cette vérité , lorsqu'il disoit à son ami :

Crois-moi , dût Auzanet t'assurer du succès ,
Abbé , n'entreprens pas même un juste procès,
N'imite pas ces fols , dont la sotte avarice ,
Va de ses revenus engraisser la Justice ;
Qui toujours assignans , & toujours assignés ,
Souvent demeurent gueux de vingt procès gagnés.
Epître à l'Abbé Desroches.

C'est ainsi que s'instruisent les procès de particulier à particulier. On voit que cette instruction est tout-à-fait ruineuse ; mais ce n'est rien , si on la compare à l'instruction des procès , qu'occasionne entre plusieurs particuliers , le partage des dépouilles de leur débiteur commun , c'est-à-dire , ce qu'on appelle en Justice , l'ordre & distribution du prix des immeubles saisis réellement & vendus par décret , & la préférence pour les sommes mobiliaires , ou le prix des meubles.

Les Loix qui reglent cette distribution sont si claires , si précises , & si peu ignorées , qu'il n'est aucun créancier qui , connoissant les titres des autres , ne se plaçât lui-même à son rang ; mais l'intérêt des ministres de la Justice prévaut encore ici sur l'intérêt général. On observe à cet égard la forme la plus abusive , par le moyen de laquelle le prix des biens les plus considérables se trouve englouti dans un gouffre de procédures frustratoires & inutiles. Il y a long-tems qu'on se plaint de cette forme , qu'on reclame l'autorité Souveraine pour avoir de bonnes loix sur cette matiere. [1]

----

[1] Voyez le Traité de la vente des Immeubles par décret, *par M. de Héricourt, chap.* 14.

Les Etats affemblés à Blois l'ont demandé dès 1588 , mais on a été obligé de foutenir des guerres. On n'a eu ni le temps de fonger au bonheur des Peuples , ni le pouvoir de les rendre heureux. Les foins & l'argent qu'on auroit pû donner à la police de l'Etat , on a été obligé de les donner à fa fûreté. Il faut un grand nombre d'années de paix pour pouvoir réparer les défordres caufés par une année de guerre. Les befoins preffans ont occafionné des créations d'offices , c'eft-à-dire , des traités , par lefquels on a attribué à des Particuliers des droits fur le prix des biens faifis & vendus par décret, Tels que les droits des Commiffaires aux Saifies Réelles & de Confignation, qui font confidérables , & abforbent une partie des biens , au préjudice des Créanciers & des Parties faifies. On pourroit dire que ces droits ont pour caufe un établiffement utile ; mais ce qui donne au droit de confignation le caractere d'impôt , c'eft qu'il fe perçoit fouvent fur ce qui n'eft pas con-

figné, [1] & par un fous - traité qu'on qua-
lifiera, comme on jugera à propos, les
Procureurs qui ont l'habileté de tourner leur
procédure, de maniere qu'elle donne lieu
à ce droit, font récompenfés par le Traitant, qui les affocie avec lui, en leur re-
mettant une partie des droits qu'ils lui oc-
cafionnent.

A l'égard de la maniere de fixer l'ordre
dans lequel les Créanciers doivent toucher
le prix des biens vendus, elle ne peut être
excufée ; elle eft diamétralement oppofée à
l'intérêt des Créanciers & du Débiteur.

Lorfqu'un héritage eft adjugé, & le prix
configné, le Procureur du pourfuivant ob-

---

[1] Loifeau parlant de l'Edit qui devoit créér des Offices de Receveur des Confignations & Commiffaires aux
Saifies Réelles, difoit :

» Auffi il y a long-tems qu'on dit qu'il y a Edit arrêté
» pour ériger en titre d'Office des Commiffaires & Gar-
» diens des biens faifis, qui fera à mon avis un bon Edit,
» pourvû que le fifc n'y prenne rien ou peu, autrement
» ce feroit chofe dangereufe & honteufe qu'il profitât de
» la mifere des plus miférables, & qu'il prît part aux biens
» de ceux qui n'en ayant pas affez pour s'acquitter, font
» au-delà du pain, comme ont dit communément. »

tient un Jugement qui appointe tous les oppofans à écrire, produire & contredire. On a vû ci-devant ce que c'eft qu'une conteftation appointée entre deux particuliers. On peut juger ce qu'elle fera, lorfqu'elle fera appointée entre deux ou trois cens Parties. Le Procureur pourfuivant, fournit pour fa Partie des caufes & moyens de fon oppofition, des requêtes, inventaire de production, & il produit fes titres de créance. Chacun des créanciers fait de même fa production. Le Procureur pourfuivant & le Procureur plus ancien des oppofans, font alternativement la chöuette à tous les créanciers. Quoique convaincus du droit de chacun, ils ne laiffent pas échapper l'occafion de gagner, en propofant des difficultés, en faifant fignifier de longues écritures, pour dire qu'ils s'en rapportent à la prudence de la Cour; les facs fe multiplient à l'infini, l'inftruction dure un temps très-confidérable, pendant lequel les créanciers font privés de leur argent; les intérêts courrent contre le débiteur ; les frais de l'ordre se prenant fur les fonds confignés ; les diffé-rens entre les oppofans fe jugent aux dé-pens de ceux qui n'y ont aucun intérêt , dont les collocations ne peuvent être con-teftées. Les vacations des Commiffaires & les épices multiplient encore extraordinai-rement les frais. Enfin il intervient un Ju-gement fur l'ordre , qui n'eft , à propre-ment parler , qu'une lifte des créanciers dans l'ordre de leurs hypotéques ou privi-léges. On ne manque pas de vifer bien au long dans ce Jugement , toutes les procé-dures : il eft expédié dans la même forme & avec encore moins d'économie que les autres. On en voit en cinq & fix mille rôles de parchemin. Ce Jugement eft fignifié à tous les créanciers ; le droit de copie eft taxé au Procureur , à raifon de tant du rôle de la groffe. La feule fignification lui vaut quelquefois quarante & cinquante mille livres. On peut juger à combien doivent monter les frais qui l'ont précédé. Qu'on ne foit donc plus étonné fi le prix des biens les plus confidérables fe trouve abforbé ; qu'on n'impute pas même aux Procureurs feuls ces effets malheureux : ils font autorifés par l'appointement, qui étant une fois prononcé, tout le refte en devient l'effet & la fuite, comme indifpenfable. [1]

Pour éviter une partie de ces inconvéniens, diminuer les frais & accélérer le payement des créanciers, on avoit imaginé des directions ; mais, dit Me Denizar en fa Collection de Jurifprudence, au mot Direction, ,, l'expérience juftifie qu'elles ,, font plus ruineufes que les décrets, & ,, qu'elles font infiniment plus longues. Des ,, Directeurs des Séqueftres & des Agens

---

[1] Voyez encore le Traité de la vente des immeubles, ci-deffus cité. L'Auteur propofe des moyens bien fimples de remédier à ces inconvéniens. Je ne les rapporterai pas, parce qu'ils ne dépendent pas des Parties. J'obferverai feulement que ces frais immenfes des décrets & des ordres, banniffent toute confiance ; les priviléges & les hypotéques fur les fonds les plus confidérables étant rendus inutiles, on ne veut plus prêter pour compenfer les bénéfices avec les rifques ; on ne prête plus qu'à ufure.

,, font à peine nommés, qu'ils oublient
,, qu'ils ne font que mandataires chargés
,, de rendre compte ; devenus maîtres de
,, l'adminiftration , l'intérêt des créanciers
,, difparoît à leurs yeux, & après un grand
,, nombre d'années, on eft étonné d'appren-
,, dre qu'il n'y a plus rien. ,, (C'eft un Procureur qui fait cette remarque.)

Tels font les inconvéniens & les abus des
procès dans les Jurifdictions qui paffent pour
les mieux réglées , fous les yeux des premiers Magiftrats. Combien d'autres abus fe
commettent dans les Jurifdictions éloignées,
dans les Juftices de Village , par l'ignorance des Juges, l'avidité moins déguifée des
Praticiens ! Combien de chicanes ils fubfti-
tuent à la procédure qu'ils ignorent ! Combien d'inconvéniens dans les différens dégrés
de Juftices reffortiffantes l'une à l'autre ! Il
n'eft pas poffible d'exprimer mieux ces inconvéniens , que l'a fait Loifeau , dans un
difcours fur ce fujet ; c'eft pourquoi j'en
rapporterai mot à mot les principaux traits.

,, Il eſt notoire , dit-il , que cette multipli-
,, cation de dégrés de Juriſdiction , rend les
,, procès immortels ; & à vrai dire , ce
,, grand nombre de Juſtices ôte moyen aux
,, Peuples d'avoir juſtice.

Nec quærimur jus non dici legeſque ſilere,
Jus nimium dici quærimur.

,, Car qui eſt le pauvre Payſan qui , plai-
,, dant de ſes brebis & de ſes vaches , n'ai-
,, me mieux les abandonner à celui qui les
,, retient injuſtement , qu'être contraint de
,, paſſer par cinq ou ſix Juſtices , avant qu'a-
,, voir Arrêt ; & ſi il ſe réſout à plaider
,, juſqu'au bout ; y a-t-il brebis ou vaches
,, qui puiſſe tant vivre , même que le maî-
,, tre mourra avant que ſon procès ſoit
,, jugé en dernier reſſort ? Qui eſt le mi-
,, neur , qui pourſuivant la reddition de
,, ſon compte aux lieux où il y a tant de dé-
,, grés de Juriſdiction , ne devienne vieil
,, avant d'avoir ſon bien , ſi ſon Tuteur ſe
,, réſout à plaider juſqu'à la fin ? Quelle

,, Injustice est-ce là , qu'un jeune homme
,, passe tout son âge , employe tout son
,, labeur , consomme tout son bien en un
,, méchant procès , & qui pis est , appré-
,, hendant l'incertitude de tant de divers
,, Jugemens , il soit toute sa vie en allar-
,, mes , & dans des appréhensions conti-
,, nuelles d'être ruiné !

,, Si nous appréhendons à notre mal l'au-
,, trui, nous croirons qu'abréger une année
,, de procès au pauvre Peuple, n'est pas un
,, moindre bien que de lui épargner une
,, année de maladie & de langueur conti-
,, nuelle.

,, Et ne faut pas dire que c'est le soula-
,, gement du Peuple , de lui rendre justice
,, sur le lieu. Car, à bien entendre, les frais
,, sont plus grands en ces petites mangeries
,, de Village, qu'aux amples Justices des
,, Villes , où premierement les Juges ne
,, prennent rien des expéditions de l'Au-
,, dience ; & au Village, pour avoir un mé-
,, chant appointement de cause , il faut

,, fouler le Juge, le Greffier & les Procu-
,, reurs de la caufe, en une belle taverne,
,, qui eft le lieu d'honneur, où les Actes
,, font compofés; & où bien fouvent les
,, caufes font jugées à l'avantage de celui
,, qui paye l'écot. Et quant aux caufes ap-
,, pointées en Droit, car il ne s'en juge
,, point fur le champ, quelque légéres
,, qu'elles foient, il les faut potter aux bon-
,, nes Villes, pour avoir du confeil; & fous ce
,, prétexte, les épices n'en font pas moin-
,, dres, outre que quand ces mangeurs &
,, fang-fues de Village ont une riche Partie en
,, main, ils fçavent bien allonger pratique,
,, & faire durer la caufe autant que fon argent.

Non miſſura cutem niſi plena cruoris hirudo.

,, Mais voici le comble du mal, c'eft
,, que non-feulement la Juftice eft lon-
,, gue & de grand coût aux Villages, mais
,, furtout elle y eft très-mauvaife; elle eft
,, rendue par gens de peu, fans honneur,
,, fans confcience, gens qui de leur jeuneffe

n'ayant

,, n'ayant appris à travailler , ont fait état
,, de vivre aux dépens de la misere d'au-
,, trui ; ou qui ayant consommé leurs
,, moyens , tachent à se recourre sur leurs
,, voisins , par la chicanerie qu'ils ont ap-
,, prise en plaidant ; gens accoutumés à
,, vivre en débauche aux tavernes , où ils
,, s'habituent à faire toutes sortes de marchés;
,, gens qui s'allient ensemble pour courir
,, les Villages & Marchés , & changent
,, tous les jours de personnages , parce que
,, celui qui est aujourd'hui Juge en un Vil-
,, lage , est demain Greffier en l'autre ,
,, après demain Procureur de Seigneurie
,, en un autre , puis Sergent en un autre ,
,, & encore en un autre il postule pour les
,, Parties ; & ainsi vivans ensemble & s'en-
,, tre-entendans, ils se renvoyent la pelotte ,
,, ou pour mieux dire , la bourse , comme
,, larrons en foire.

,, C'est la ruine d'un Village d'y avoir
,, Justice : car cela apprend à plaider aux
,, Paysans , & les détourne de leur travail.

D

,, S'il y a une ligue de chicaneurs, ils tien-
,, nent tous les bons Laboureurs en bride ;
,, si il y a un bon ménager, ces chicaneurs
,, lui courrent sus, & ne cessent qu'ils ne
,, l'ayent ruiné ; que si on dit en proverbe
,, qu'il ne faut qu'un Sergent pour ruiner
,, un Village, que sera-ce, si il y a un nom-
,, bre complet d'Officiers ?

Il conclud en disant ,, le plus grand &
,, le plus important abus qui soit en Fran-
,, ce, ce sont ces mangeries de Village, que
,, je ne peux appeller Justices, parce qu'il
,, ne s'y fait rien moins que la Justice.

Ces abus, loin d'être diminués depuis le
temps où Loiseau écrivoit, sont plutôt au-
gmentés. Les Praticiens se sont multipliés
dans les Villages, & s'occupent à semer par-
tout la discorde, pour en recueillir les fruits.

Un Gentilhomme dans sa Terre, un La-
boureur, un Artisan a-t-il quelque préten-
tion à exercer, quelque intérêt à discuter:
il va trouver un Praticien, qui souvent plus
ignorant que celui qui le consulte, toujours

plus occupé de son intérêt , lui conseille de donner une assignation , comme un Chirurgien de Village ; appellé pour voir un malade, conseille & exécute aussi-tôt une saignée.

Une assignation donnée aigrit les esprits , enfante des volumes d'écritures & de procédures : les frais deviennent bientôt plus considérables que l'objet du litige , & font un obstacle à la conciliation. L'affaire est portée de Tribunaux en Tribunaux ; les procès deviennent un objet de commerce ; le Praticien d'une Justice de Village a pour correspondant un Procureur dans la Jurisdiction supérieure à la sienne : celui-ci un Procureur d'un Bailliage ou Sénéchauffée , & ceux-ci ont pour correspondans des Procureurs au Parlement. Aucun de ces différens correspondans ne conseille la paix , tous au contraire sçavent flatter les passions des plaideurs.

> Et dans les cœurs brûlans de la soif de plaider,
> Versent l'amour de nuire & la peur de céder.
> *Boileau* , *Poëme du Lutrin.*

Lorſque ces différens correſpondans s'envoyent quelque procès, rarement font-ils mention de la juſtice ou de l'injuſtice des prétentions de leurs Parties ; mais ils ont foin de s'inſtruire de leurs facultés : font-elles riches, ou font-elles pauvres ; voilà ce qu'il importe le plus de ſçavoir. Si elles font riches, leur procès, bon ou mauvais, fera inſtruit le plus amplement. Lorſqu'il arrive, le Procureur regarde feulement l'étiquette du fac ; fi c'eſt un appel, il l'envoye auſſi-tôt à un Avocat, qui après avoir été Clerc chez lui, a pris ce titre trop aifé à obtenir, auquel il marque de faire des griefs, comme il lui difoit étant Clerc de faire une requête. Cet Avocat examine les procédures faites dans les premieres Jurifdictions, en fait un long détail dans le ſtyle de Procureur ; fouvent il apperçoit que l'appel eſt mal-fondé, que la Sentence a bien jugé, & qu'il eſt difficile de propofer des griefs raifonnables. Cependant le Procureur lui a envoyé le procès, non pour avoir fon avis, mais pour faire des griefs : il aura d'abord perdu le temps qu'il a employé à l'examiner, le Procureur ne lui envoyera plus de procès ; c'est un jeune Avocat qui cherche à travailler, qui en a besoin, il ne peut être occupé d'abord que par le moyen des Procureurs. Combien de motifs pour ne pas renvoyer le procès sans griefs ! Il en cherche, il en propose, il les renvoye au Procureur qui les fait mettre en grosse, juge par leur étendue & leur volume, de l'étendue des lumieres & des talens de l'Avocat, & lui prodigue des louanges, qui sont souvent une partie de son payement. Delà vient qu'on soutient tant de mauvais procès ; que dans des écritures d'Avocat qui ne devroient être que des dissertations sçavantes, sur des questions de droit problématiques, qui sont à présent en petit nombre, on met souvent en question les maximes les plus constantes ; que le ministére de l'Avocat, qui ne devroit être que le moraliste & le prédicateur de la vérité & de l'équité, est employé hon-

D iij

teufement à foutenir le menfonge & l'injuftice, & à ruiner les Parties, qui font fouvent de bonne foi.

Le moyen d'éviter cet inconvénient feroit
que les Parties, avant de s'adreffer au Procureur, fiffent remettre leurs procès entre
les mains d'un Avocat d'une probité reconnue, qui en leur faifant appercevoir l'erreur dans laquelle ils ont été induits, leur
rendroit un fervice plus fignalé que de les
défendre, & les empêcheroit de fe ruiner.

A toutes ces déprédations, il faut ajouter
celles qui fe commettent dans les fuccef-
fions par les frais d'oppofition & levée de
fçellés, inventaire, vente, liquidations,
comptes & partages. On multiplie les vacations à l'infini par des dires & des incidens
inutiles ; on prodigue les rôles de papier
timbré, dont on laiffe un tiers en marge,
& on écarte fur les deux autres tiers trois
ou quatre fyllabes par ligne. [1] Un,

____

[1] On trouve dans les Réglemens de la Juftice, Edi-
tion de 1719, page 212, un Arrêt du Parlement rendu

abus énorme, entre autres, est celui du droit de suite du Scel du Châtelet, par lequel, si un particulier meurt à Paris, & qu'il y ait une chambre meublée, & quelquefois une seule valise, un Commissaire au Châtelet vient apposer le scellé sur cette valise ; & si ce particulier a une Terre ou un autre domicile à cent lieues de Paris, le Commissaire, le Notaire, Huissier-Priseur, Procureurs se transportent à grands frais pour apposer les scellés & faire l'inventaire, & consomment en frais les successions les plus considérables. [1] Dans les successions collatérales, surtout les Officiers de la

____

en 1688, confirmatif d'une Sentence du Lieutenant Civil du Châtelet de Paris, par laquelle des frais d'apposition & levée de scellés, inventaire & vente avoient été taxés & réduits de 1000 livres à 440 livres, tant pour le nombre des vacations qui avoient été multipliés, que par les rôles des procès-verbaux qui ont été réduits, à raison de 22 lignes à la page, & 15 syllabes à la ligne, au lieu de 17 lignes & cinq syllabes qu'ils contenoient. Il n'y a presque point de successions où on ne puisse demander & obtenir de pareilles réductions.

[1] Si il n'y avoit que le Notaire seul qui se transportât pour faire l'inventaire, les droits de contrôle qu'il exempte pourroient dédommager des frais de son transport.

Justice, les regardent comme leur patrimoine, & pensent user de modération, lorsqu'ils n'emportent qu'une portion d'héritier. J'ai actuellement sous les yeux l'exemple d'une succession d'environ trente mille livres, de laquelle les Officiers de la Justice, sans qu'il y ait eu de contestation entre les héritiers, ont d'abord prélevé près de six mille livres. C'est toujours le plus clair & le plus net qui est employé à payer ces frais, qui sont toujours privilegiés : il a fallu dans cette succession, après avoir consommé les deniers comptans, la vaisselle d'argent, & le prix des meubles, vendre encore tous les bestiaux qui servoient à l'exploitation des biens-immeubles, pour payer ces sang-sues qui ne quittent prise, que lorsqu'il n'y a plus rien. Les héritiers se trouvent ensuite propriétaires des biens-fonds, chargés de payer le centiéme denier, les droits Seigneuriaux, les impôts ordinaires ; ils n'ont point d'argent pour faire les réparations, point d'avances pour faire

les cultures, point de beftiaux pour l'amen-
dement , & c'eft la Juftice qui eft caufe de
tous ces maux.

Je crois avoir fuffifamment dévoilé que l'intérêt des miniftres de la Juftice eft toujours
oppofé à celui des Parties qui font obligées
d'y avoir recours, que par conféquent toute
perfonne qui fera ufage de fa raifon , évi-
tera les procès. Mais , dira-t-on, il eft auffi
impoffible que les hommes vivent fans différent., qu'il eft impoffible qu'ils vivent fans
paffions ; leurs intérêts s'entrechoquent de
mille manieres ; on a affaire à un débiteur
de mauvaife foi ; on eft attaqué par un chi-
caneur, le recours à la Juftice ne devient-il
pas néceffaire en pareil cas & dans une infinité d'autres ?

Je réponds que s'il y a des occafions où
il foit indifpenfable de plaider , elles font
en petit nombre : il n'y a prefque point de
différent qu'on ne puiffe terminer par les
voyes de la douceur ou de l'arbitrage ; tous
les hommes font fenfibles aux bons procé-

dés ; donnez des facilités à votre débiteur, ne lui faites pas donner une assignation, sans l'avoir prévenu, écoutez ses excuses, prêtez-vous aux arrangemens raisonnables qu'il aura à vous proposer, n'exigez pas de lui l'impossible ; si vous avez des droits à exercer contre quelqu'un, ou si on forme une demande contre vous, parlez ou faites parler à votre adversaire, proposez-lui d'exercer à l'amiable vos droits respectifs. N'est-il pas plus gracieux & plus sage de former ses demandes par l'entremise d'amis communs, que par le ministere d'un Huissier ? Ne peut-on se communiquer ses moyens de défenses autrement que sur du papier timbré, dans la forme ridicule, dans le style barbare & grossier de la chicane, & avec des dépenses considérables ? Si on ne peut s'accorder par l'entremise d'amis communs, ou si dans des cas particuliers, comme lorsqu'il s'agit des intérêts des Mineurs ou des Eglises, Fabriques & Communautés, il est nécessaire d'avoir recours aux Juges, &

qu'ils prononcent pour la décharge des Tu-
teurs ou des Administrateurs , qui ne peuvent prendre sur eux une transaction ; alors
même les Parties , si elles ne sont pas ani-
mées par des sentimens de haine , d'ambition , d'orgueil ou de jalousie , pourront
faire à l'amiable tout ce qu'on appelle l'instruction , convenir des faits , réduire les
questions , & les présenter de concert à la
Justice , pour obtenir sa décision. Elles évi-
teroient par-là une grande partie des frais ,
& bien des longueurs & procédures inutiles. J'ai vû , entr'autres , l'exemple d'un
procès entre deux Ecclésiastiques , où il s'a-
gissoit d'un arbre estimé 28 livres. L'un Sei-
gneur Haut - Justicier , prétendoit que cet
arbre étoit dans un chemin , & lui appar-
tenoit. L'autre soutenoit que cet arbre étoit
dans sa Terre. Cette simple question de fait
a coûté deux mille huit cens livres au Sei-
gneur Haut - Justicier qui a succombé , &
plus de trois cens livres de faux frais au
victorieux. Si avant que l'assignation fût

donnée , ces deux Eccléfiaftiques s'étoient réunis pour prendre à l'amiable les éclaircissemens coûteux , qui ont précédé le Jugement ; si ils euffent commencé par examiner la pofition de l'arbre , confulté les anciens Habitans, vû les Titres, ils auroient pû faire juger cette queftion pour 24 liv. ou plutôt ils n'auroient pas eu de procès. Pour peu que la queftion leur eut paru douteufe, ils auroient partagé l'arbre. Combien d'autres exemples on pourroit citer , où les Parties ont été ruinées par les frais de l'inftruction qu'elles auroient pû faire avant de plaider !

Pour appuyer encore tout ce que je viens de dire d'une autorité, je rapporterai ce que difoit un fage de ce fiécle, [1] dans un difcours public.

,, Je fuppofe qu'on vous demande contre

---

[1] M. Jean Barbeyrac, Profeffeur en Droit & en Hiftoire au Collége de Lauzanne, auquel nous devons la traduction du Droit de la Nature & des Gens, & des devoirs de l'Homme & du Citoyen, par le Baron de Puffendorff, & des notes fçavantes fur ces deux Ouvrages.

,, tout droit & raifon ce qui vous appar-
,, tient le plus légitimement, le plus incon-
,, teftablement. Ah ! perdez plutôt, autant
,, que vous le pouvez, fans une incommo-
,, dité confidérable, fans quelque fâcheux
,, inconvénient ; cedez, facrifiez quelque
,, chofe plutôt que d'appeller quelqu'un en
,, Juftice, ou de vous y laiffer appeller
,, vous-même. Il en eft des procès comme
,, de la guerre, la néceffité feule peut jufti-
,, fier ceux qui s'y expofent : quand je penfe
,, à la facilité avec laquelle tant de gens
,, vont plaider fouvent pour des bagatelles,
,, je ne fçais ce qui doit le plus m'étonner
,, en eux, ou le peu d'attention à leurs
,, devoirs, ou le peu de foin de leurs véri-
,, tables intérêts. Qu'eft-ce qu'un Plaideur ?
,, Envifageons-le par le plus beau côté.
,, Laiffons à quartier la mauvaife foi, l'ef-
,, prit de chicane, les voyes obliques, les
,, artifices mis en ufage pour prévenir
,, ou pour corrompre les Juges : pofons un
,, homme qui croit être bien fondé, & qui

,, l'eft effectivement, qui ne veut que main-
,, tenir & pourfuivre fon droit par des voyes
,, légitimes. Qu'eft-ce qu'un Plaideur con-
,, fidéré de ce point de vûe ? C'eft un hom-
,, me qui ne peut gueres être dans une af-
,, fiette tranquille. Le mauvais procédé de
,, fa Partie l'irrite ; plus il a raifon, plus il
,, conçoit d'aigreur contre elle, contre tous
,, ceux qui s'intéreffent pour elle, contre
,, tous ceux qui ont avec elle quelque liai-
,, fon, quelque relation. C'eft un homme
,, qui quitte fes affaires, fes occupations
,, les plus utiles, les plus agréables, pour
,, effuyer bien de la peine, bien des fati-
,, gues, bien des rébuts, bien des chicanes,
,, bien des chagrins, bien des dépenfes :
,, le tout fans fçavoir, ni combien cela du-
,, rera, ni s'il gagnera fa caufe, quelque
,, jufte qu'elle foit, & fi il obtiendra enfin
,, un dédommagement qui, tout bien com-
,, pté, n'égale jamais ce qu'il en coûte.
,, Que fi par hazard on lui rend juftice,
,, voilà toujours une fource funefte de hai-

,, nes , d'animofités , d'inimitiés , qui fe
,, perpétuent quelquefois entre les familles
,, de génération en génération , & d'où il
,, naît une infinité de maux.

,, Il me femble, continue-t-il , entendre
,, quelqu'un qui fe recriera fur le réfultat
,, de tout mon difcours : fi cela va ainfi ,
,, il faut réformer les Palais & abattre les
,, Tribunaux de Juftice , plus de Juges ,
,, plus d'Affeffeurs , plus d'Avocats , plus
,, de Procureurs , plus de Greffiers , plus
,, d'Huiffiers, plus d'autres tels gens , qui
,, ne font occupés, qui ne vivent que de la
,, liberté qu'on croit avoir toujours de pro-
,, fiter du bénéfice des Loix , que de l'em-
,, preffement avec lequel on y a recours.
,, L'objection paroît forte ; mais tout ce
,, que je trouve ici de fâcheux, c'eft qu'elle
,, ne le foit pas affez au gré même de ceux
,, qui la font tacitement, & qu'on ne puiffe
,, pas fe flatter que le cas qu'elle fuppofe
,, arrive jamais. Oui, plût à Dieu que les
,, hommes devinffent affez fages pour ren-

,, dre inutiles toutes les professions, tous
,, les emplois, tous les établissemens qui ne
,, sont fondés que sur leurs folies ! Plût à
,, Dieu qu'on vît naître un siècle d'or, où
,, chacun soigneux de n'offenser personne,
,, de ne faire du tort à personne, empressé
,, au contraire à faire du bien à quiconque
,, en auroit besoin, fût disposé à pardonner
,, les fautes d'autrui, à agir avec tout le
,, monde de la même maniere qu'il souhai-
,, teroit qu'on en usât envers lui, à em-
,, brasser, à chercher tous les moyens possi-
,, bles d'éviter un différent, ou de le ter-
,, miner au plutôt & à l'amiable ! Mais rassu-
,, rez-vous, vous qui êtes allarmés de la
,, seule pensée d'une si heureuse révolution,
,, que vous regarderiez comme fatale à vo-
,, tre fortune. Il n'y aura toujours que trop
,, de gens querelleux & chicaneurs qui ré-
,, duiront les plus pacifiques à la nécessité
,, d'employer malgré eux les voyes de la
,, Justice ; l'amour propre, l'intérêt, les
,, passions des hommes vous sont un bon

,, garant

,, garant de vos revenus. Souffrez feule-
,, ment que le peu de perfonnes qui ont à
,, cœur leur devoir & leur repos évitent,
,, autant qu'il leur eft poffible, d'avoir af-
,, faire de vous, & qu'il leur foit permis de
,, renoncer à leurs avantages.

Il y auroit un moyen bien digne de la
bonté du Roi, de prévenir au moins moitié
des procès & des abus qui ruinent fon pauvre Peuple, furtout les Habitans de la Campagne, qui font dupes de la mauvaife foi
& de l'avidité des Praticiens, auxquels ils
font obligés de donner leur confiance. En
attendant que Sa Majefté puiffe s'acquitter
de l'obligation reconnue par Loüis XIV,
& par tous les Rois fes Prédéceffeurs, de
rendre gratuitement la juftice à fes Sujets, [1]

---

(1) La juftice doit être rendue gratuitement. L'ufage des
fiécles précédens a néanmoins introduit en faveur des Juges quelque attribution au-delà des gages que nous leur
avons accordé, dont nous avons intention de nous charger
à l'avenir, lorfque l'état de nos affaires le permettra. Cependant nous avons réfolu d'y pourvoir par un tempérament raifonnable.

Préambule de l'Edit de 1673, pour les épices & vacations
& frais de Juftice.

E

& que l'état de fes affaires lui permette de fe charger des falaires & vacations de ceux qui y font employés. Il y auroit un tempérament par lequel elle ne feroit aucun tort à qui que ce foit, & répandroit un grand bien. Il s'agiroit d'établir dans chaque Généralité un ou deux Juris-Confultes, dont la probité & l'expérience feroient connues, pour donner gratuitement, chacun dans un certain arrondiffement, des confeils aux gens de la campagne fur leurs affaires, concilier leurs différens, dreffer les comptes, partages, faire toutes les liquidations & opérations qu'on voudroit faire à l'amiable, ou du moins indiquer les moyens de les faire avec moins de frais. Ce feroit un Arbitre qui n'exerceroit qu'une Jurifdiction volontaire, un miniftre de paix & de vérité, qui dicteroit à cette portion précieufe du genre-humain la conduite qu'elle doit tenir, lui expliqueroit les Loix qui la concerneroient, donneroit fon avis fur les procès entrepris & à entreprendre; les Parties fe-

roient libres de fuivre ou de ne pas fuivre
ces avis; un feul de ces Arbitres, laborieux
& appliqué, pourroit fuffire pour plufieurs
Elections de la même Généralité ; ces places feroient à la nomination du Roi , & ne
pourroient être remplies que par des Avocats qui auroient exercé au moins dix ans
avec honneur leur profeffion ; qui join-
droient à la fcience, des Loix l'expérience
des affaires ; un efprit droit & conciliant.

Au moyen des honoraires qui leur feroient attribués ; il leur feroit défendu
expreffément de rien recevoir , ni en argent ni en préfens , quoiqu'offert volontairement , fous quelque prétexte que ce
foit ; il n'y a qu'un défintéreffement entier
qui puiffe leur faire accorder la confiance.
L'Intendant de Juftice , Police & Finances
du Département recevroit & connoîtroit
des plaintes qui pourroient être faites de
leur négligence ou de leur inexactitude à
remplir leurs devoirs , & ils feroient def-
titués , lorfqu'ils en feroient convaincus.

Les honoraires de ces places pourroient être affignés, ou fur quelque Bénéfice de la Province, (quelle fondation plus pieufe & plus généralement utile !) ou fur des fommes deftinées dans chaque Généralité à fubvenir aux frais de Juftice & Police., & & au foulagement des Peuples. Quel plus grand bien peut-on leur faire ! Quel foulagement plus réel peut-on leur accorder; que de leur procurer les moyens d'entretenir la paix & l'union, & de leur éviter les inquiétudes, les dépenfes & les fuites fi funeftes des procès ? Quand même ces honoraires feroient répartis fur les différentes Paroiffes de l'arrondiffement, l'impofition feroit infenfible. Pour moins de cinq fols par an chaque particulier pourroit avoir toujours un confeil pour fes affaires. Combien de frais ne leur épargneroit- on pas ? S'il y a quelques Avocats célébres dans les Provinces, on rédoute l'entrée de leur cabinet.

Non licet omnibus adire Corinthum.

Les Habitans des campagnes craignent de faire les frais d'une Confultation, comme ils craignent d'appeller un Médecin dans leurs maladies.

Cet établiffement feroit des effets plus prompts, plus fûrs que tous les Réglemens qu'on pourroit faire pour l'adminiftration de la Juftice. La prudence n'eft jamais fi prompte à imaginer de nouvelles précautions, que la friponnerie à les éluder; pour guérir les maux, il faut les prendre à l'origine. Je vois par les procès que j'ai empêchés ou arrêtés pendant le peu de temps que je paffe à la campagne, le bien que pourroit faire une perfonne qui feroit occupée entierement de ce foin. Il pourroit faire plus de bien que deux cens font de mal. Lorfqu'on viendroit le confulter, il ne flateroit pas les paffions des Plaideurs, mais il leur diroit toujours la vérité, qu'il n'auroit jamais intérêt de taire ou de diffimuler. Lorfque leurs prétentions feroient fondées, il les engageroit à épuifer, avant d'actionner en Justice , toutes les voyes de douceur & de civilité , toutes les démarches & les bons procédés auprès de leurs Parties adverses. Il se chargeroit même du soin de sçavoir leurs raisons ; il tâcheroit toujours de les porter à se rendre justice à l'amiable. Il n'y auroit pas d'emploi plus noble , plus satisfaisant pour un honnête homme , & plus utile à la Patrie. [1]

---

[1] La meilleure Loi , le plus excellent usage, le plus utile que j'aie jamais vû, c'est en Hollande. Quand deux hommes veulent plaider l'un contre l'autre, ils sont obligés d'aller d'abord au Tribunal des Juges-Conciliateurs, appellés faiseurs de paix. Si les Parties arrivent avec un Avocat & un Procureur, on fait d'abord retirer ces derniers, comme on ôte le bois d'un feu qu'on veut éteindre. Les faiseurs de paix disent aux Parties : Vous êtes de grands fols de vouloir manger votre argent à vous rendre mutuellement malheureux. Nous allons vous accommoder, sans qu'il vous en coûte rien. Si la rage de la chicane est trop forte dans ces Plaideurs, on les remet à un autre jour, afin que le temps puisse adoucir les symptomes de leurs maladies. Ensuite les Juges les envoyent chercher une seconde & une troisiéme fois. Si leur folie est incurable, on leur permet de plaider, comme on abandonne au fer des Chirurgiens des membres gangrénés. Alors la Justice fait sa main.

Il n'est pas nécessaire de faire de longues déclamations, ni de calculer ce qui reviendroit au genre-humain, si cette Loi étoit adoptée.

Lettre de M. de Voltaire, sur un usage très-utile établi en Hollande.

Henri I V. avoit conçu le deſſein d'un établiſſement à peu près pareil, & l'avoit même ordonné par un Arrêt de ſon Conſeil du 6 Mars 1610. On voit que ce bon Roi, mû d'une affection charitable & paternelle envers ſon pauvre Peuple, & voulant procurer les moyens d'obtenir juſtice aux Veuves, Orphélins, pauvres Gentilhommes, Marchands, Laboureurs, & généralement à tous ceux qui ſeroient dépourvûs de conſeil ou d'argent, ou de l'un & de l'autre, ordonna que dans toutes les Cours, tant ſouveraines qne ſubalternes, il ſeroit commis des Avocats & Procureurs pour les Pauvres, en tel nombre qu'il ſeroit aviſé en ſon Conſeil, ſelon la grandeur & néceſſité de chaque Cour ou Siége, leſquels ſeroient tenus d'aſſiſter de leur conſeil, induſtrie, labeur & vacation, tous ceux de la ſuſdite qualité, ſans prendre d'eux aucune choſe, tant petite fût-elle, & ſous quelque prétexte que ce fût, à peine de concuſſion, ſe contentans de leurs ſimples gages , falaires & prérogatives qu'il plairoit à Sa Majefté attribuer auxdits Avocats & Procureurs, qui feroient mis & choifis comme plus capables & gens de bien , & entretenus auxdites Charges , tant qu'ils y feroient leur devoir. La mort imprévue de ce Monarque , qui furvint le quatorze Mai fuivant , arrêta l'exécution de ce louable deffein , qui a fans doute été réfervé à LOUIS LE BIEN-AIMÉ.

Lorfque j'ai communiqué ces réfléxions, & mes idées fur les moyens d'empêcher les Sujets du Roi de fe ruiner , & de regler d'une autre maniere les frais de Juftice , on a été obligé de convenir en général de l'avantage qui en réfulteroit. Mais quelques perfonnes n'ofant oppofer leur intérêt particulier , ont prétendu que ces idées , quoique bonnes , ne feront pas adoptées ; leur raifon eft de dire qu'une grande partie des revenus du Roi feroit confidérablement diminuée par ces réformes ; qu'en tariffant la fource des procès , on tarit la fource des

produits de la Ferme du papier & parchemin timbré , du Contrôle des dépens , &
de tous les autres droits impofés fur les
frais de Juftice ; qu'en abrégeant l'inftruction
des conteftations , la rendant plus fimple ,
le miniftere d'un grand nombre d'Officiers
ou Suppôts de Juftice deviendroit inutile ;
que les vacations & les épices des Juges
diminueroient à proportion ; que les intérêts du Roi , des Juges & de tous les Miniftres de la Juftice fe tiennent par une
chaîne qu'il n'eft pas aifé de rompre ;
c'eft-à-dire , qu'en affociant pour ainfi dire
le Roi & les Magiftrats à leurs déprédations,
ils fe flattent que ce fera un motif fuffifant
pour ne les pas réprimer.

Je ne crois pas devoir répondre à un pareil motif, qui eft trop injurieux à la Juftice
& à la bonté du meilleur des Rois, fécondé
par des Miniftres bien-faifans & bien-vou-
lans. Si on peut fe fervir de ce terme figni-
catif , pour qu'il puiffe jamais entrer en
confidération , lorfqu'il s'agira du bien gé-

néral , c'eft comme fi on penfoit que *Sa Majefté* encouragera les crimes , parce que la condamnation des Criminels occafionne des confifcations ou des amendes à fon pro-fit , ou qu'il récompenfera des Médecins ignorans , qui feroient mourir beaucoup de Citoyens, parce qu'ils occafionneroient l'ex-tinction des rentes viageres ou des droits de centiéme denier dans les Succeffions col-térales. Le papier timbré , le contrôle , & tous les autres droits ont été établis pour fubvenir aux befoins de l'Etat, & non pour que l'Etat leur foit facrifié. Moins on em-ployera de papier & parchemin timbré , plus on confommera de fel , de tabac , & de toutes les autres denrées , plus la popu-lation augmentera , plus l'Agriculture fera floriffante , plus les impôts feront payés fa-cilement.

A l'égard des Magiftrats, fi il y en a quel-ques-uns qui , plus fenfibles à l'argent qu'à l'honneur, [1] regretteroient de voir dimi-

_____

[1] On pourroit dire de ces Magiftrats, ce que difoit

[75]

nuer le profit de leurs Offices , en voyant augmenter le bonheur des Peuples. On peut assurer que le plus grand nombre gémit sur les abus , & donneroit bientôt l'exemple d'un désintéressement entier , en renonçant volontairement à leurs épices & vacations ; qu'ils seroient satisfaits d'un prix bien plus digne de leurs travaux , l'estime & la confiance du Souverain , le respect & la considération des Peuples, qui font le lot du Magistrat, [1]

M. Daguesseau, dans une mercuriale à la S. Martin en 1700, en parlant du Magistrat devenu avide d'affaires. *Premier volume*, *page* 80.

» Que peut-on penser, disoit-il, lorsqu'on le voit in-
» différent pour les fonctions honorables de la Magistra-
» ture , en remplir les devoirs utiles , avec une exacte ,
» mais servile régularité ? Si ce n'est que, comme un vil
» mercénaire, il mesure son travail à la récompense qu'il
» en reçoit. Créancier importun de la République, il ignore
» la douceur de cette gloire si pure que l'homme de bien
» trouve à pouvoir compter la Patrie au nombre de ses
» débiteurs ; il veut que chaque jour, chaque heure, cha-
» que moment lui apporte le salaire de ses peines. Mal-
» heureux de se croire ainsi payé de ses travaux, & vérita-
» blement digne de n'en recevoir jamais qu'une si basse
» récompense.

[1] Il y a un lot pour chaque profession. Le lot de ceux qui levent les tributs est les richesses , & la récompense de

Quant aux miniſtres inférieurs de la Juſtice , moins il y aura de gens employés à vivre aux dépens des autres, plus il en reſtera dans les campagnes pour les cultiver.

,, Il n'y a pas , dit un célébre Magiſtrat ,
,, Philoſophe & Citoyen, [1] aſſez de La-
,, boureurs, où il y a des terres en friches,
,, où l'Etat aſſez riche par lui-même pour
,, exporter ſes productions naturelles , im-
,, porte ſouvent celles de l'Etranger qu'il
,, pourroit fournir. L'excès n'eſt point à
,, craindre dans une profeſſion qui nourrit
,, les autres , qui apporte continuellement
,, des valeurs réelles dans l'Etat. Mais il eſt
,, dangereux dans toutes celles qui ne créant
,, aucune valeur , vivent par celle qui les
,, crée.

---

ces richeſſes, ſont les richeſſes même. La gloire & l'honneur ſont pour cette Nobleſſe qui ne voit, qui ne ſent de vrai bien que l'honneur & la gloire ; le reſpect & la conſidération ſont pour les Miniſtres & les Magiſtrats, qui ne trouvant que le travail, après le travail, veillent nuit & jour pour le bonheur de l'Empire. *Eſprit des Loix.*

[1] M. Caradeuc de la Chalotais, Procureur - Général au Parlement de Bretagne. *Eſſai d'éducation nationale.*

,, L'inſtruction des procès, dit-il enſuite,
,, exige-t-elle ce nombre incroyable d'Offi-
,, ciers & Suppôts de Judicature, qui dé-
,, ſolent les Habitans des Villes & des Cam-
,, pagnes ?

Que je m'eſtimerois heureux ſi je pouvois contribuer au bonheur de mes Conci-
toyens ; ſi quelqu'une des idées, que le dé-
ſir de leur être utile, m'a ſuggerées, pouvoit
être adoptée. Je n'aſpire pas à la réputation
de bien écrire : je ſerois bien plus flatté ſi
je pouvois perſuader. [1] Je crois avoir
parlé raiſon, j'ai dit la vérité, j'ai averti
les hommes de leurs véritables intérêts, &
même de leurs devoirs. Je leur ai dénoncé

---

[1] Le Philoſophe conſume ſa vie à obſerver les hommes : il uſe ſes eſprits à en démêler les vices & le ridicule ;
ſi il donne du tour à ſes penſées, c'eſt moins par vanité
d'Auteur, que pour mettre une vérité qu'il a trouvée dans
tout le jour néceſſaire pour faire l'impreſſion, qui doit ſervir
à ſon deſſein. Quelques Lecteurs croyent néanmoins le payer
avec uſure, quand ils diſent magiſtralement qu'ils ont lû
ſon Livre, qu'il y a de l'eſprit ; éloges qu'il mépriſe. Il demande un meilleur ſuccès, qui eſt de rendre les hommes
meilleurs. *Caracteres ou mœurs du Siécle, par la Bruyere.*

des abus : je leur ai fait voir les dangers ,
c'eſt à eux de s'en garantir. Mais la Morale eſt, comme la Médecine, beaucoup
plus ſûre dans ce qu'elle fait pour prévenir
les maux , que dans ce qu'elle tente pour
les guérir. Le plus ſûr moyen de prévenir
les procès , c'eſt de rendre les hommes
juſtes.

SECONDE PARTIE.

LES hommes font ce qu'on les fait par l'éducation, qui n'eſt autre choſe que l'art de former & habituer les enfans à penſer & agir comme on veut qu'ils penſent & agiſſent étant hommes. On peut donc dire que l'éducation eſt la ſource de tout le bien, ou de tout le mal moral , & qu'elle mérite toute l'attention du Gouvernement. Les Magiſtrats établis dans les Cours Souveraines pour veiller à tout ce qui concerne l'ordre public, convaincus de cette vérité, ſe ſont occupés depuis pluſieurs années de cet objet intéreſſant. Ils ont fait voir la néceſſité de réformer l'Inſtitution de la Jeuneſſe, & de fubftituer à une éducation, qui n'eft propre que pour l'Ecole ou pour le Cloître, une éducation qui forme des fujets pour l'Etat; ils ont indiqué des moyens, propofé des plants, dont on ne peut que défirer l'exécution. Les Hommes feroient infailliblement meilleurs, s'ils étoient mieux inftruits.

C'eft fous ce point de vue que je veux confidérer l'éducation. Le moyen de rendre les Hommes juftes eft de leur donner des idées de juftice. La juftice eft une volonté conftante de rendre à chacun ce qui lui appartient, & l'art de connoître ce qui appartient à chacun s'appelle Jurifprudence. De toutes les Sciences qu'on communique à la jeuneffe, il n'en eft pas de plus néceffaire & de plus utile, après celle de la Religion, avec laquelle elle eft liée. C'eft cependant la plus généralement négligée; elle eft même tombée dans une efpece de mépris, parce qu'on la confond avec les abus, avec cet art affreux de la chicane que j'ai dépeins dans ma premiere Partie, dont

elle

elle est aussi différente que les ténébres de
la lumiere. On dit communément dans le
monde que la Jurifprudence est incertaine
& intéreffée ; que les chofes les plus claires
deviennent obfcures au Palais ; qu'elle n'est
bonne que pour les Officiers de Juftice ;
qu'elle rend l'efprit difficile & formalifte.
Mais c'est mal juger d'une chofe que d'en
juger par les abus & défordres qui s'y font
introduits ; comme fi les chofes les plus
faintes , la Religion même , n'étoient pas
fujettes aux abus , non à la vérité par elles-
mêmes , mais par l'ufage qu'on en peut
faire. Il est bon d'obferver que ces abus
naiffent prefque toujours de l'ignorance. Le
fanatifme & la fuperftition fe font introduits
dans la Religion , & en ont fouvent pris la
place dans les fiécles d'ignorance ; les miniftres de la Religion l'ont fouvent fait fervir à leurs paffions. Doit-on s'étonner que

F

les défordres s'introduifent dans l'adminiftration de la Juftice par les paffions de fes
miniftres ? Le feul moyen de remédier à
ces défordres, c'eft d'inftruire les hommes
de leurs devoirs, qui leur font dictés par
les Loix. Moins il y aura d'ignorans, moins
il y aura de dupes. Plus on eft élevé en dignité,
plus on a de biens, plus on a de rapports
avec les autres hommes, plus par conféquent on a de devoirs. Cependant, fuivant
l'éducation actuelle, les perfonnes d'une
grande condition, les Gentilshommes, &
toutes les Perfonnes riches n'ont aucune
connoiffance des Loix.

Nous avons des Ecoles de Droit deftinées
principalement à former les jeunes gens qui
doivent remplir des places dans la Robe; on
y prend des dégrés qui doivent être des
titres ou des témoignages de fcience. Mais
combien d'abus fe font encore gliffés dans

cette inftitution ! Qui ne fçait que ces dégrés s'obftiennent après un certain nombre d'inf-criptions fur le Regiftre d'un Profeffeur qui donne des leçons aux bancs de fa claffe, qui n'exige ni affiduité, ni étude, qui ne connoît pas plus fes écoliers, que ceux-ci ne le connoiffent ! Tel fait fon droit, qui eft quelquefois à cinquante lieues du Pro-feffeur, dont il eft cenfé recevoir les leçons. On donne des Lettres de Licence, c'eft-à-dire, des témoignages de fcience des Loix à un homme qui n'en fçait pas les premiers principes. Cependant ce Licentié obtien-dra le titre d'Avocat, & ira compromettre la fortune des Citoyens, en leur donnant des confeils. On achetera une Charge de Judicature, qui lui donnera le droit de prononcer, non-feulement fur la fortune, mais encore fur la vie des hommes.

Les jeunes gens qui ne font pas deftinés

par leur fortune à remplir des Charges de
Magiftrature, font envoyés en fortant du Collége chez des Procureurs pour y apprendre
les affaires. Là, leur occupation eft d'écrire
continuellement les procédures qui fe font
chez ces Procureurs. On ne leur donne aucuns principes, aucunes leçons pour pouvoir connoître le but, les régles & l'utilité
de ces procédures : ils écrivent fans fçavoir
ce qu'ils écrivent, fans aucune fuite ni réfléxion. Ceux qui ont acquis un peu de goût
& de raifonnement dans leurs études con-
çoivent, pour ce qu'ils font forcés de faire,
le mépris & l'horreur qu'il mérite ; le plus
fouvent les autres qui n'ont point étudié,
faifant réfléxion que les Procureurs chez
lefquels ils demeurent, fortis comme eux
de leur Village, ont trouvé le moyen de
faire dans cette profeffion une fortune confidérable, font animés par cette perfpective

& préférent cet état à celui de leur père. Ils achetent une Charge à Paris, ou ils vont infecter les Provinces de leur science pernicieuse. Telle est en général la maniere d'apprendre la Jurisprudence & les Loix. Elle n'est pas, on en convient, capable d'en donner une grande idée, ni d'en inspirer le goût. Il n'y a que ceux qui espérent en retirer du profit qui la cultivent, pour s'enrichir de l'ignorance & des sottises des autres ; & c'est sans doute ce qui a fait dire qu'elle est incertaine & intéressée.

Pour rendre à cette science tout le lustre qu'elle mérite, & en retirer toute l'utilité qu'elle doit procurer, il seroit nécessaire de réformer les Ecoles de Droit, ou de veiller à l'exécution de leurs réglemens.

Il y a dans ces Ecoles plusieurs Professeurs en Droit Romain, & un seul Professeur en Droit François. Il faudroit au contraire plufieurs Profeffeurs en Droit François , & un feul Profeffeur en Droit Romain. Les Profeffeurs en Droit François enfeigneroient le Droit commun de la France , compofé des Loix Romaines qui ont rapport à nos mœurs , & qui font adoptées par notre Jurifprudence des Coutumes & des Ordonnances des Rois ; ils expliqueroient en langue Françoife les Loix Romaines , & apprendroient aux jeunes gens à en pénétrer l'efprit, & à en faire l'application. Ils pourroient prendre pour modele la maniere de M. Domat , qui eft parvenu par l'ordre , dans lequel il a rangé les Loix , à en rendre l'étude plus facile , plus utile & plus agréable. Au lieu des Actes publics qu'on nomme Thefes , dont les argumens font toujours communiqués , où les jeunes gens difputent fur des chofes qu'ils n'entendent pas , il les exerceroient à faire des differta-

tions fur des fujets propofés , dont ils fen-
tiroient l'importance & l'utilité; ne leur ac-
corderoient des Lettres de Licence qu'a-
près qu'ils auroient fubi plufieurs examens
rigoureux fur les principes , & qu'ils auroient compofé plufieurs Confultations fur
des queftions de Droit qui feroient données
à réfoudre. On enfeigneroit de même les
Loix Eccléfiaftiques de France , & les principes fur les libertés de l'Eglife Gallicane,
que tout François doit connoître & défendre. On pourroit même diftribuer des prix
pour exciter l'émulation. Les jeunes gens
qui fortiroient de ces Ecoles , mériteroient
alors d'afpirer à la qualité de Jurifconful-
tes , ou d'être admis aux Charges de la
Magiftrature. On ne verroit pas le Barreau
fe pleupler tous les ans d'Avocats Praticiens, qui trouvent bonnes toutes les affaires qui leur font utiles. Ceux qui auroient

été formés à l'Etude réfléchie des Loix, seroient tranquilles au milieu des paſſions des Cliens ; ils ne deviendroient jamais les inſtrumens ou les organes de leur colere & de leur haine ; ils ne ſacrifieroient pas les devoirs les plus ſacrés, l'honneur & la réputation des Citoyens, ſouvent même de leurs Parties, à l'envie de briller par leur eſprit, à la gloire d'élever & de faire juger des queſtions neuves.

A l'égard des jeunes gens qui ne ſeroient pas deſtinés à la Magiſtrature, comme les jeunes gens de condition, les Gentilshommes qui doivent remplir des places éminentes, des emplois politiques ou militaires, il ne ſeroit pas moins néceſſaire de leur donner une connoiſſance des Loix, mais d'une maniere différente. Tous les hommes ne ſont pas obligés d'être Juriſconſultes : tous doivent être Citoyens.

Il feroit à défirer qu'en faifant dans les Colléges les réformes propofées par les Magiftrats , on confacrât la partie des Etudes , qu'on nomme Philofophie , à apprendre aux jeunes gens les devoirs qu'ils doivent remplir étant hommes.

On définit la Philofophie , l'amour de la fageffe. Mais ce qu'on enfeigne dans les Colléges fous ce nom , a-t-il quelque rapport à cette définition ?

,, Des Maîtres habitués aux fubtilités
,, Scholaftiques , dit M. de la Chalotais ,
,, y exercent les jeunes gens qui contractent
,, l'habitude de difputer & de chicaner.
,, Il y en a qui dans le refte de leur vie
,, femblent toujours être fur les bancs de
,, l'Ecole.

,, Le plus grand vice de l'éducation ,
,, continue-t-il , eft le défaut abfolu d'inf-
,, truction fur les vertus morales & politi-

,, ques. Notre éducation ne tient point à
,, nos mœurs, comme celles des anciens.
,, Après avoir effuyé toutes les fatigues &
,, & l'ennui des Colléges, la jeuneffe
,, fe trouve dans la néceffité d'apprendre
,, en quoi confiftent les devoirs communs
,, à tous les hommes ; elle n'a reçu aucuns
,, principes, pour juger des actions, des
,, mœurs, des opinions, des coutumes ;
,, elle a tout à apprendre fur des articles
,, fi importans. On lui infpire une dévotion
,, qui n'eft que l'imitation de la Religion,
,, des pratiques, pour tenir lieu de vertus ;
,, & qui n'en font que l'ombre.

Un autre Magiftrat auffi zélé pour le
bien public, [1] s'eft élevé pareillement

---

[1] M. Guyton de Morveau, Avocat - Général du Roi
au Parlement de Bourgogne. *Mémoire fur l'éducation publique.*

contre ces abus , & a propofé des moyens d'y remédier. Il a démontré la néceffité d'enfeigner la Philofophie en Langue Françoife, de profcrire ce qu'on appelle la Scholaftique , & de comprendre dans la morale les devoirs de la Loi naturelle , le Droit de la Nature & des Gens , les premiers principes du Droit Public national : en un mot des regles de conduite & des vérités qui puiffent réellement influer fur les mœurs. Mais la raifon reclame long-tems contre les préjugés : avant qu'ils foient détruits, on fuit toujours la route frayée par l'habitude.

En attendant ces réformes fi défirables dans l'inftitution publique de la jeuneffe, les parens riches & qui feront foigneux de donner à leurs enfans une bonne éducation , pourront y fuppléer par une inftitution particuliere , qui fera toujours préférable pour cette partie. Lorſque leurs enfans ſeront parvenus à cet âge, où l'eſprit s'ouvre à la certitude, où ils commencent à réflé-chir, où le cœur reçoit ſa forme & ſon caractere. Alors ils ne peuvent trop prendre de précautions pour leur procurer des con-noiſſances qui puiſſent influer ſur leur bon-heur, & ſervir à régler leur conduite. Au lieu du Cours de Philoſophie des Colléges, qui eſt plus nuiſible que profitable, dans lequel on mene les jeunes gens à l'erreur par le délire de l'orgueil, ils tâcheront de ſubſtituer un Cours de véritable Philoſophie. Il ſera queſtion de trouver pour cela un Maître habile, mais point pédant, d'une ſcience moins profonde qu'aiſée & commu-nicative, qui auroit acquis par l'expérience des affaires & l'uſage du monde la connoiſ-fance des hommes. Ce Maître, à l'exemple des anciens Philoſophes, apprendroit aux jeunes gens, en très-peu de temps, l'art de raisonner juste, en leur expliquant dans un langage clair & intelligible les principes & les regles du raisonnement. Il les feroit ensuite passer à la Métaphysique & à la Morale, qui est la partie la plus essentielle de la Philosophie. Elle consisteroit plutôt dans des préceptes de pratique, que de spéculation. Il pourroit prendre pour texte de ses instructions le Livre intitulé *les devoirs de l'Homme & du Citoyen*, qui est un abrégé de celui du Droit de la Nature & des Gens, par le Baron de Puffendorff, & qu'on peut regarder comme un systême méthodique de la science des mœurs, qui apprend à juger des actions humaines en général, à connoître les devoirs de l'homme envers Dieu, les devoirs de l'homme par rapport à lui-même, & les devoirs mutuels des hommes; l'obligation de se regarder les uns les autres

comme naturellement égaux ; les offices
communs de l'humanité ; les devoirs réci-
proques des pères, des mères & des enfans ;
la formation des sociétés civiles & de leurs
Loix. Après avoir mis en évidence les principes, il en déduiroit tout le détail de la
Morale de la Loi Naturelle, du Droit Poli-
tique, du Droit des Gens, & du Droit
Civil. Il ne tenteroit pas le projet chimé-
rique de faire des hommes sans passions ;
il se contenteroit de leur apprendre à les
regler & diriger suivant les Loix divines &
humaines, pour leur bien & celui de la So-
ciété ; il leur feroit voir dans leurs devoirs
le principe & le fondement de leurs droits ;
il ne manqueroit pas de leur faire remar-
quer que les mœurs sont de tout pays &
de toute Religion ; que la nature a gravé
dans le fond de nos cœurs la justice, la
vérité, la bonne foi, l'humanité, la bonté,

la décence ; que ces qualités font auſſi eſſen-
tiëlles à l'homme, que la raiſon. Il leur feroit voir dans les Ouvrages des Payens,
qui n'étoient pas excités par les motifs fur-
naturels de la révélation, des vérités ſubli-
mes, & l'amour le plus pur de la vertu.

„ L'homme ne fait pas, dit encore M.
„ de la Chalotais qu'on ne peut ſe laſſer
„ de citer, invariablement ſes principes,
„ mais celui qui n'en a pas ou qui en a
„ de mauvais, agira ſûrement & preſque
„ toujours mal ; celui qui a des connoiſſan-
„ ces ſolides ne fera pas toujours le bien,
„ mais il le fera plus ſouvent, il y reviendra
„ plus aiſément. C'eſt un état violent que
„ d'être toujours en contradiction avec foi-
„ même. La lumiere conduit ordinairement
„ à la vertu ; les ténébres & l'ignorance
„ conduiſent au vice.

On entremêleroit ces leçons, qu'on tachétoit cependant de rendre utiles, par des leçons de Physique, qui ne confisteroient pas en argumens fur la définition de cette Science, fur l'effence de la matiere, mais en obfervations accompagnées d'expérien-ces, d'explication, & d'application aux ufages ordinaires de la vie, & aux Arts & Métiers, fuivant la Méthode de M. l'Abbé Nollet, qui eft la plus parfaite qu'on puiffe fuivre, par laquelle il a trouvé le moyen de mettre cette Science à la portée de tout le monde, & d'en faire l'occupation la plus agréable & la plus inftructive. Il feroit à défirer que la Morale fût traitée de la même maniere ; elle en eft également fufceptible.

Si ce Cours de Philofophie pouvoit être fait à la campagne, les jeunes gens en qui l'imagination eft plus vive que le jugement, feroient moins diffipés, les connoiffances qu'on voudroit leur communiquer trouvant

moins

moins de contrepoids au-dehors, feroient plus d'effet au-dedans ; la simplicité de la vie champêtre exciteroit moins les paſſions que le luxe immodéré des grandes Villes. D'ailleurs l'Inſtituteur auroit occaſion de leur faire admirer le Spectacle magnifique de la Nature ; il leur apprendroit à connoître tous les travaux de la campagne, à comparer le produit des différentes eſpéces de biens, avec les frais de culture & les impôts, dont les Cultivateurs ſont chargés : tout deviendroit une occaſion d'inſtruction.

Un Cours de Philoſophie ainſi dirigé, pourroit être regardé comme un Cours de ſageſſe humaine. Les jeunes gens qui en ſortiroient pour vivre avec les hommes, ne ſe croiroient pas tranſportés dans un autre monde. Ils auroient contracté l'habitude de penſer & de raiſonner. S'ils n'ont pas des

G

connoissances profondes, ils auront appris l'art d'en acquérir. Ils sçauront s'occuper ; science si rare & si utile à cet âge. Ils seront en état de choisir une profession, d'en connoître les devoirs & les remplir. Ils auront des principes sûrs, des idées claires & distinctes du juste, de l'honnête, de tous les devoirs de l'homme. Ces principes & ces idées seront des préservatifs contre les mauvais conseils & les mauvais exemples qu'ils pourront recevoir dans le monde. Si entraînés par le torrent ils vouloient secouer le joug de la Religion, ou s'en faire une à leur mode, ils conserveroient au moins les vertus morales, qui les rapprocheroient des vertus chrétiennes. Ils aimeront la Patrie, qui dans les Monarchies réside dans la Personne Sacrée du Souverain. Ils n'auront d'autre ambition que de lui être utiles ; ils aimeront leurs Concitoyens, seront sensibles au plaifir de leur faire du bien. Leur intérêt particulier ne leur fera jamais oublier les principes de la juftice & de l'équité.

Ceux qui rempliroient des places de confiance auprès du Souverain, ou qui commanderoient en fon nom, tendant tous au même but, ne fe trouveroient jamais en oppofition ; ils ne chercheroient pas à fe détruire les uns les autres, à faire manquer des entreprifes ou des projets utiles ; ne facrifieroient pas la Patrie à des mouvemens bas d'envie, de jaloufie ou d'avarice, qui ne trouveroient pas de place dans leur efprit ni dans leur cœur ; ils auroient furtout horreur de ces manœuvres, par lefquelles des gens en place détournent les deniers publics, qui font la pure fubftance du peuple, à leur profit particulier, & qui les expofent à des condamnations de reftitution plus flétriffantes que le fupplice ; ils ne feroient point confifter la grandeur & la gloire dans des dépenfes fans bornes, qui expofent à l'alternative de manquer à fes devoirs ou à fes engagemens; mais ils ré- gleroient leurs dépenfes fur leurs revenus, perfuadés que ne pas payer ce qu'on doit, n'eft pas moins voler que de prendre le bien d'autrui. Ils ne mettroient point à un trop haut prix les fervices qu'ils peuvent rendre à l'Etat, & qu'ils lui doivent, mais ils fe- roient plus de cas de la gloire & de l'hon- neur que de l'argent, qui ne doit être la récompenfe que des ames viles & mercé- naires. Ils penferoient que fi il eft déshono- rant d'exiger des intérêts ufuraires d'un par- ticulier, il doit être bien plus déshonorant de les exiger du Roi ou de la Patrie. Enfin il eft plus que vrai-femblable que des jeunes gens munis de ces principes, accoutumés à ces bons fentimens, ne manqueroient pas de rendre à chacun ce qui lui appartient ; & n'auroient par conséquent point de procès. Les grands Seigneurs sçauroient traiter eux-mêmes de leurs affaires , ne s'en rapporteroient pas à des Intendans qui les ruinent , & à des gens d'affaire qui compromettent souvent leur honneur , en leur faisant faire des choses indignes de leur naissance. Leur conscience , l'humanité , la bonne foi, présideroient à leurs conseils. Ils seroient en état, sinon de discuter les affaires les plus délicates , d'en entendre la discussion , & de prendre le parti que leur dicteroit leur cœur : ils ne souffriroient pas qu'on abusât sous leur nom des Loix & des formes pour opprimer le misérable. Le Gentilhomme habitant dans ses Terres, au lieu de plaider avec son Curé & ses Vassaux , deviendroit leur Arbitre. Il veilleroit à l'administration de la Justice , dont le sacré

[102]

dépôt lui est confié par le Souverain, & qu'il doit faire exercer à sa décharge. Il ne la regarderoit pas comme un objet de revenu, ne favoriseroit pas par avarice les abus & l'impunité des crimes ; son exemple entraîneroit ses parens, ses amis : ayant reçu une bonne éducation, il la donneroit à ses enfans. On pourroit espérer de voir régner la paix & la concorde, d'où naîtroit la félicité publique.

www.ingramcontent.com/pod-product-compliance
Ingram Content Group UK Ltd.
Pitfield, Milton Keynes, MK11 3LW, UK
UKHW031839170726
13836UKWH00004B/1769